汉字从哪里来

—— 从甲骨文说起 第一级

王本兴/著

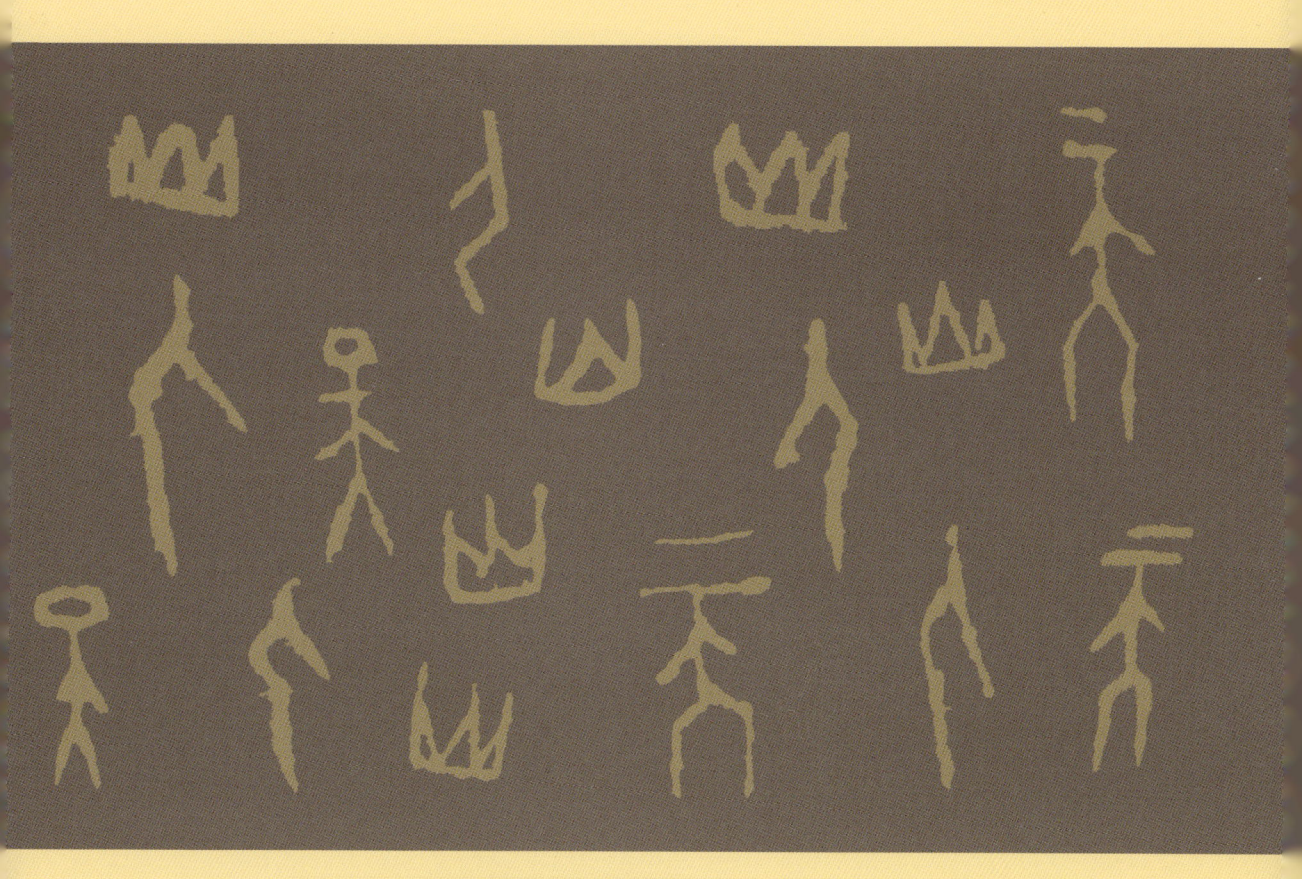

海峡出版发行集团 | 福建教育出版社

图书在版编目（CIP）数据

汉字从哪里来：从甲骨文说起. 第一级/王本兴著. —福州：福建教育出版社，2023.2（2025.10重印）
ISBN 978-7-5334-9364-6

Ⅰ.①汉⋯ Ⅱ.①王⋯ Ⅲ.①甲骨文—少儿读物 Ⅳ.①K877.1-49

中国版本图书馆CIP数据核字（2022）第074697号

策划编辑：雷　娜
丛书编辑：朱蕴苴
责任编辑：雷　娜
封面设计：季凯闻
版式设计：邓伦香

Hanzi Cong Nali Lai

汉字从哪里来
——从甲骨文说起　第一级

王本兴　著

出版发行	福建教育出版社
	（福州市梦山路27号　邮编：350025　网址：www.fep.com.cn）
	编辑部电话：0591-83763280
	发行部电话：0591-83721876　87115073　010-62024258）
出 版 人	江金辉
印　　刷	福建新华联合印务集团有限公司
	（福州市晋安区福兴大道42号　邮编：350014）
开　　本	787毫米×1092毫米　1/16
印　　张	9.25
字　　数	136千字
版　　次	2023年2月第1版　2025年10月第4次印刷
书　　号	ISBN 978-7-5334-9364-6
定　　价	48.00元

如发现本书印装质量问题，请向本社出版科（电话：0591-83726019）调换。

前 言

　　小朋友，你知道今天的汉字是从哪儿来的吗？——是从古代的甲骨文演变、发展而来的。

龟甲上的文字　　　　　　龟甲上的文字拓片

　　甲骨文是什么朝代的文字？离今天有多少年了？——甲骨文是中国殷商时代的文字，是中国最早、最古老的文字，距今已有三千多年了。这些文字用刀刻在龟甲、牛骨等兽骨片上面，所以称为甲骨文。

兽骨上的文字　　　　　　兽骨上的文字拓片

时代变迁，甲骨文被深深地埋在地下。1899年有个叫王懿荣的人首次发现了甲骨文。

　　甲骨文在什么地方出土？人们已经认识了多少甲骨文字呢？——甲骨文是在现在的河南省安阳市小屯村殷墟发掘出土的。经过许多专家的研究分析，目前认识确定了1400多字。

　　学甲骨文难吗？小朋友能学习甲骨文吗？——能！事实证明，今天成熟的汉字是个"美男子"，他在三千多年前的殷商时代诞生。从发展阶段上看，甲骨文是汉字的"少儿期"，少年儿童学"少儿汉字"最适合不过了。小朋友们，你们一定会喜欢甲骨文，一定会学好甲骨文的，加油！

　　另想说明一下：《汉字从哪里来》参照小学语文课本，从识字表、写字表及课文里选取文字，汇编为12级（册），每级70个字。每个字都有宋体字形、拼音、来历、成因、字性、本义、现代含义、词语、成语、拓片、书写笔顺等元素。一字一图，以图识文，以文寓图，图文并茂，简明扼要，突出了汉字的图画性、象形性与趣味性。还带有该甲骨文字的篆刻或书法作品，有助你开启书法篆刻艺术之门。可以说，每个字，形、音、义齐全，书、诗、画、印皆有，对心灵的文化熏陶与学习，对艺术的熏陶与传承，会有很大裨益。很适合你求进学习！

河南安阳殷墟甲骨文博物馆

王本兴

戊戌年秋于南京凤凰西街59号四喜堂

目　录

我……2	土……40
天……4	年……42
人……6	月……44
口……8	日……46
耳……10	星……48
目……12	云……50
心……14	雨……52
足……16	风……54
树……18	雪……56
木……20	草……58
禾……22	虫……60
竹……24	鱼……62
花……26	鸟……64
水……28	鼠……66
火……30	牛……68
山……32	虎……70
石……34	兔……72
田……36	龙……74
河……38	蛇……76

马	78	西	110
羊	80	北	112
猴	82	前	114
鸡	84	后	116
狗	86	左	118
猪	88	右	120
春	90	上	122
夏	92	下	124
秋	94	来	126
冬	96	去	128
书	98	多	130
画	100	少	132
大	102	老	134
小	104	师	136
东	106	中	138
南	108	国	140

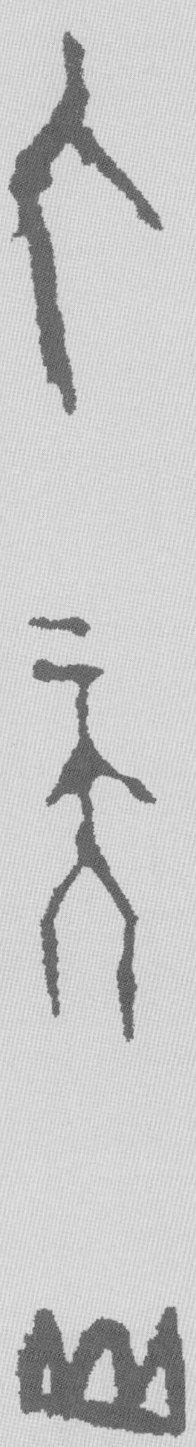

我 wǒ

甲骨文"我"字多种写法

甲骨文"我"字，属于象形字。像带牙齿的刀锯之形，或作带有长柄的三锋之戈。

本义是指锯齿状兵器，后本义废。现在解释为第一人称代词"我"、自己等。

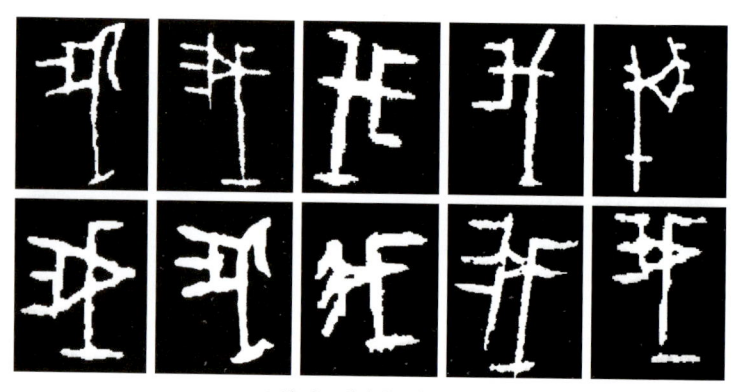

甲骨文"我"字拓片

第一级

书写时从左至右顺序而书。注意笔画的长短、粗细要带一点变化。

读一读

忘我、小我、我们、我行我素、自我批评。

拓展阅读

我爱你，中国

中国啊，我的母亲！你是那样的慈祥和宽容，给予我们无尽的关怀；你是我们心中的灯塔，照亮我们前进的步伐。每当五星红旗升起的时候，我总想大声呼喊：我爱你，中国！

祖国是我家
（甲骨文书法）

无我
（甲骨文篆刻）

我上学了

tiān
天

甲骨文"天"字，属象形字。下从大，像正面人形；上从〇、口，像人之头顶，或从二，或从一，都指头顶蓝天之意。本义是指头顶。后来也解释为天空、天气、自然界、季节等。

甲骨文"天"字多种写法

甲骨文"天"字拓片

口　只　天

书写时从上至下顺序而书，注意用笔要讲究粗细、轻重变化。

读一读

天际、天然、天气、天文、天真、天涯、天敌、坐井观天、天寒地冻、雨过天晴、天下为公、天下无敌、天地良心、天真烂漫。

曲项向天歌

碧蓝的天空

天地正气
（甲骨文篆刻）

汉字从哪里来——从甲骨文说起

rén

人

甲骨文"人"字，属象形字，像侧立的人形。上部表示头，斜向伸展的表示手臂，中间部位是身子，下部表示腿脚。

本义指人。后来也解释为别人、人才、人体等。

甲骨文"人"字多种写法

甲骨文"人"字拓片

第一级

书写时先写长曲笔,再写斜短笔。根据甲骨文字正反共存性的特点,还能左右反写。甲骨文"人"字的写法较多,可参照所附图例与拓片。

读一读

人民、人类、人才、人生、人心、人群、人情、人气、人间、人才辈出、人来人往、助人为乐、先人后己、人心所向、人杰地灵。

人尽其才
(甲骨文书法)

三人成众(石头画作品)

以善养人
(甲骨文篆刻)

kǒu

口

甲骨文"口"字，属象形字，像人张着口之形。口之功能自然可以言、食。本义指人的嘴巴。后来也解释为话语、容器外口、口子、人数、出入通过的部位、锋刃、口味等。

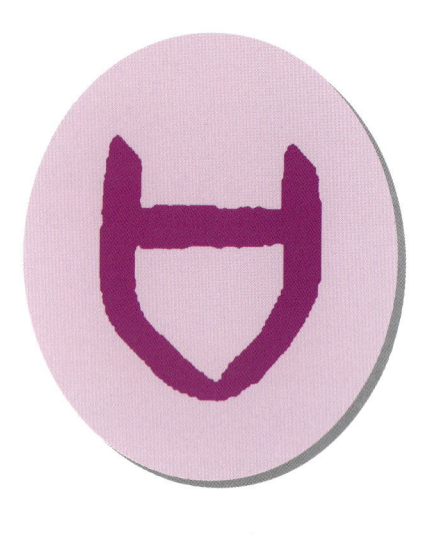

甲骨文"口"字多种写法

甲骨文"口"字拓片

第一级

〔 ∪ 日

书写时先写口字外框，最后写口字上横。注意起笔不要过于尖锐，以藏锋为宜，口字底部有平的，有圆的，轻重、粗细变化要恰到好处。

读一读

口气、口号、口袋、口味、口腔、口才、心服口服、口是心非、口干舌燥、口口声声、口诛笔伐。

口

异口同声
（甲骨文书法）

口耳之学
（甲骨文篆刻）

美味可口的佳肴

ěr
耳

甲骨文"耳"字，属象形字，像人的耳朵形状。

本义指人的耳朵。后来也解释为如耳状之物、位置在两旁的、而已等。

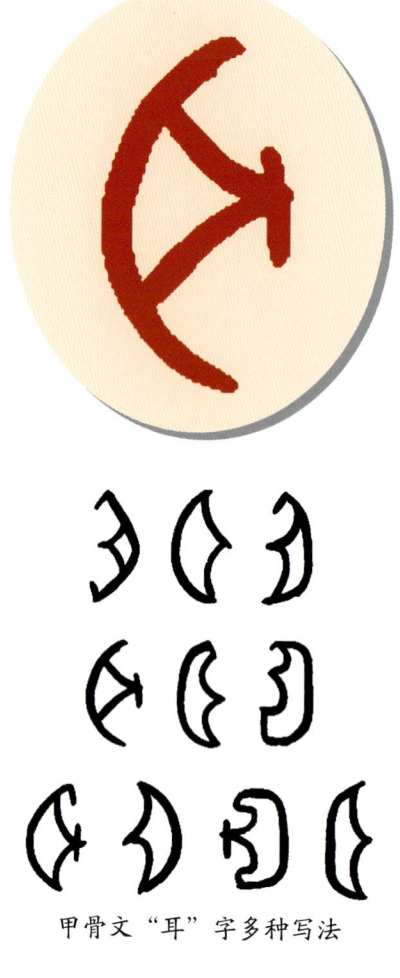

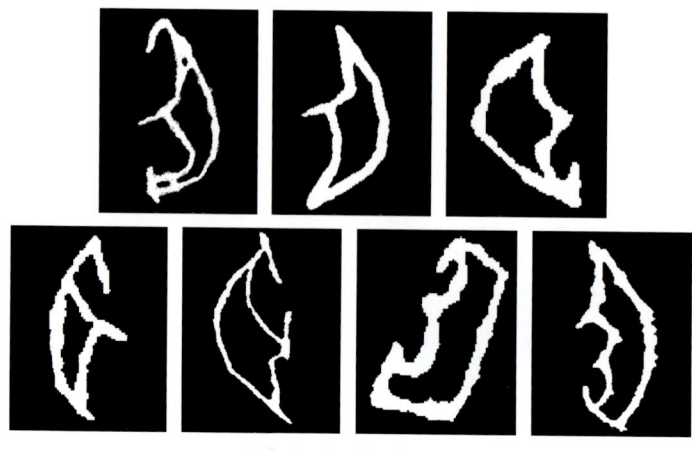

甲骨文"耳"字多种写法

甲骨文"耳"字拓片

第一级

书写时先写耳背长曲画，再写耳前的折曲画。注意捻管转锋，起伏提按，用笔要自然顺畅。甲骨文"耳"字的写法较多，且可正反互书，可参照所附图例与拓片。

读一读

耳朵、耳环、耳熟能详、交头接耳、掩人耳目、耳聪目明、耳提面命、忠言逆耳。

耳目一新
（甲骨文书法）

动物"耳"趣

耳顺
（甲骨文篆刻）

11

mù

目

甲骨文"目"字，属象形字，像人的眼睛。为了突出眼珠，一般把眼珠写得超出眼眶。

本义指眼睛。后来也解释为孔、目录、名称、看、大项中再分的小项等。

甲骨文"目"字可以正反互书，但只能横写不能竖写，横竖有别，因为甲骨文"目"字"横为目、竖为臣"。

甲骨文"目"字多种写法

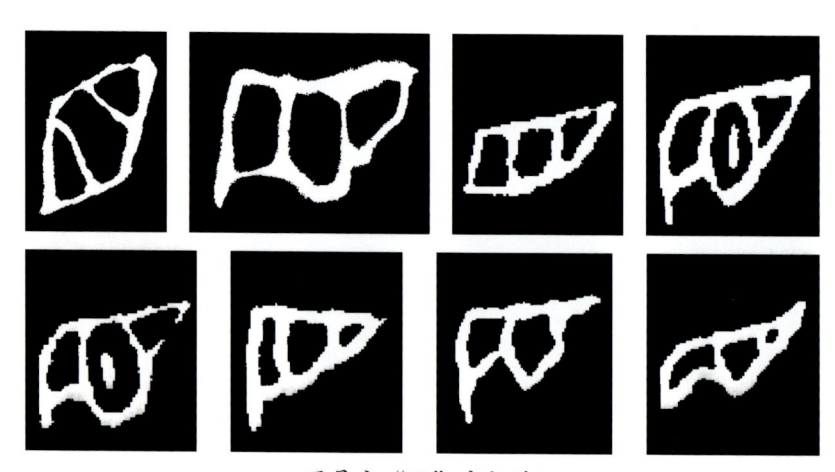

甲骨文"目"字拓片

书写时先写目的外框，再写中间代表眼球的笔画，最后写其他笔画。注意上下、左右笔画对应性较强，笔致、线条要温润凝重，衔接、转折处及线条粗细、轻重诸方面，要有丰富的变化。

读一读

目前、目标、目光、目录、注目、目睹、目的、光彩夺目、目光炯炯、目光远大、目瞪口呆、目不转睛。

猜一猜

上边毛，下边毛，
中间有颗黑葡萄。
（打一器官）

目不识丁
（甲骨文书法）

目

历历在目
（甲骨文篆刻）

xīn
心

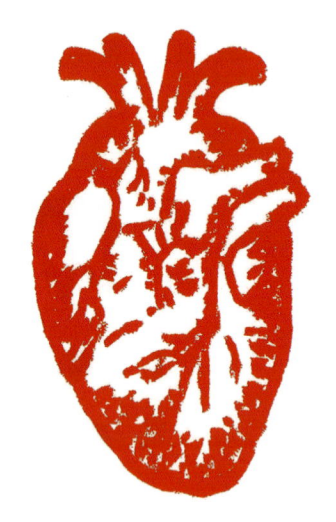

甲骨文"心"字，属象形字，像人和动物的心脏之形。上部左右短斜画像心脏上的血管或心脏内的瓣膜。

本义是指心脏。后来也解释为思想、中心等。

甲骨文"心"字多种写法

甲骨文"心"字拓片

14

第一级

甲骨文"心"字，里面有空而无点画的、带短斜画的，上方开口而下方必须连接封闭，这是与甲骨文"贝"字的区别之处。书写时先写外框，再写里面的短斜画。

读一读

心情、心态、心愿、心跳、热心、信心、耐心、一心一意、万众一心、心灵手巧、心心相印、心惊胆战、心领神会。

拓展阅读

芙蓉楼送辛渐

［唐］王昌龄

寒雨连江夜入吴，
平明送客楚山孤。
洛阳亲友如相问，
一片冰心在玉壶。

小猫钓鱼，三心二意

星星知我心
（甲骨文篆刻）

足 zú

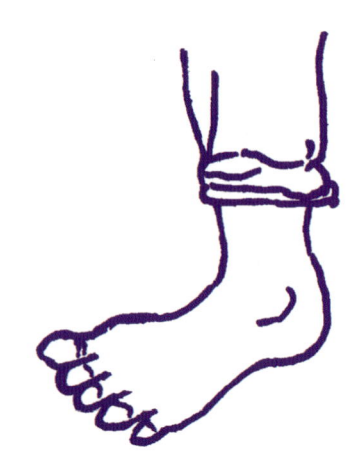

甲骨文"足"字，属象形字，像胫足之形，即人之足。

本义为脚，在人体下部，包括膝盖下小腿和脚趾在内。后来也解释为足球运动、器物下部形状像腿的支撑部分、充足、值得等。

甲骨文"足"字多种写法

甲骨文"足"字拓片

第一级

书写时从上至下顺序而书。注意此字曲画较多，要写得自然顺畅，结体大小比例要适当，形象要生动美观。甲骨文"足"的写法较多，可参照所附图例与拓片。

读一读

足球、足够、足迹、信心十足、足不出户、足智多谋、情同手足、心满意足。

猜一猜

有口不是口，专门移土走。
（打一字）

新长征　足下行
（甲骨文书法）

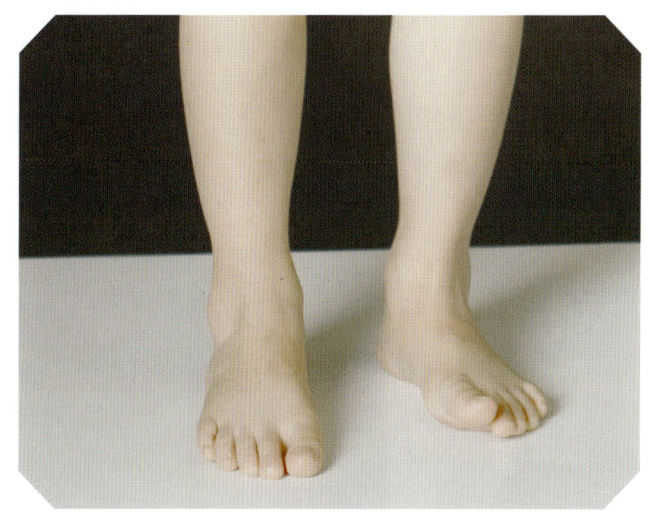

足

知足常乐
（甲骨文篆刻）

17

树 shù

甲骨文"树"字,左上方从木,像树木形;左下方从豆,疑以豆器直立之形会直立之意;右边像人手形,表示植树之状。属会意字。

本义指种植。后来也解释为树木、树立、建立、培植等。

甲骨文"树"字多种写法

甲骨文"树"字拓片

第一级

朩 朩 杳 査 敱

书写时从上至下、从左往右顺序而书。注意结体布白要匀称端庄、美观大方，不要过于散乱。

读一读

树叶、树木、植树、树立、树大招风、树大根深、绿树成荫、独树一帜。

拓展阅读

小树长大

雨儿来了，滴答滴答，淋湿绿衣，小树不怕。
风儿来了，呼啦呼啦，枝叶乱摇，小树不怕。
绿叶多啦，个儿高啦，一天天，小树长大。

十年树木　百年树人
（甲骨文书法）

树干
（甲骨文篆刻）

3月12日植树节

mù
木

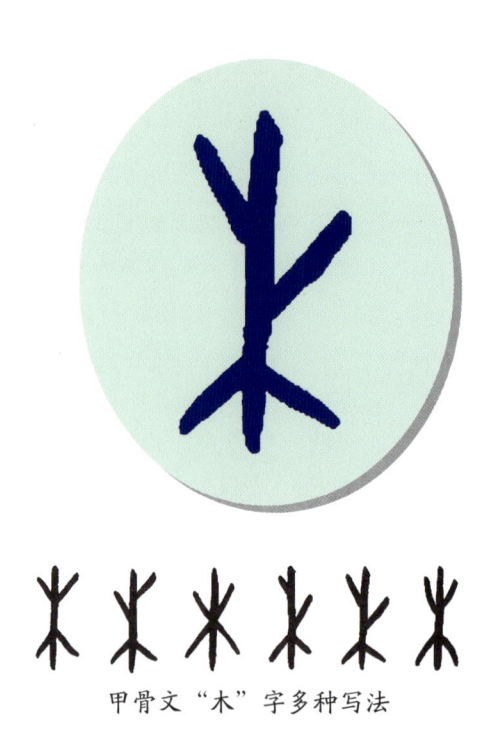

甲骨文"木"字多种写法

> 甲骨文"木"字，属象形字，像有枝叶、茎秆和根的树木形。本义指树木。后来也解释为木头、质朴、反应迟钝、麻木等。

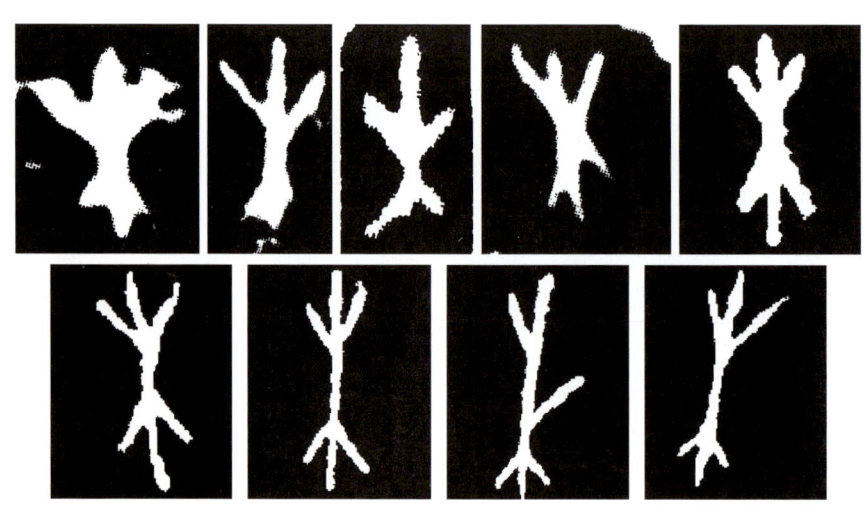

甲骨文"木"字拓片

第一级

书写时先写中间主笔竖画,再写斜画,注意粗细、长短配合,以及笔画的变化。

读一读

木板、木偶、木匠、木材、草木、木头木脑、呆若木鸡、一草一木、草木皆兵、移花接木。

拓展阅读

护 树

北风吹摇路边树,小陆上前把树护。
一个木材路旁竖,一根绳子拴捆住。
树有木杆做支柱,木杆支树树稳固。

木已成舟
(甲骨文书法)

挺拔的树木

入木三分
(甲骨文篆刻)

21

hé
禾

甲骨文"禾"字,属象形字,像是一棵有根、茎、叶,且已成熟的禾谷形状。

本义是指谷类。后来特指水稻的植株。

甲骨文"禾"字多种写法

甲骨文"禾"字拓片

书写时先写中间主曲画,再写两侧短斜画,用笔不宜过快,要有粗细、长短变化。

读一读

禾田、农禾、禾稻、故宫禾黍、禾黍之悲。

拓展阅读

悯农（其二）

［唐］李绅

锄禾日当午,汗滴禾下土。
谁知盘中餐,粒粒皆辛苦。

青青的禾苗

风禾尽起
（甲骨文书法）

青禾
（甲骨文篆刻）

竹 zhú

甲骨文"竹"字，为象形字，像细枝上垂下竹叶形。

竹今作单用，作偏旁时一般写作"⺮"。

竹历来被誉为"冻不死的草"。礼赞它为"四君子"（梅、兰、竹、菊）之一，和梅、松一起被称为"岁寒三友"。竹可制作乐器，做成竹简，盖简洁的竹楼，制成家用的竹器等。

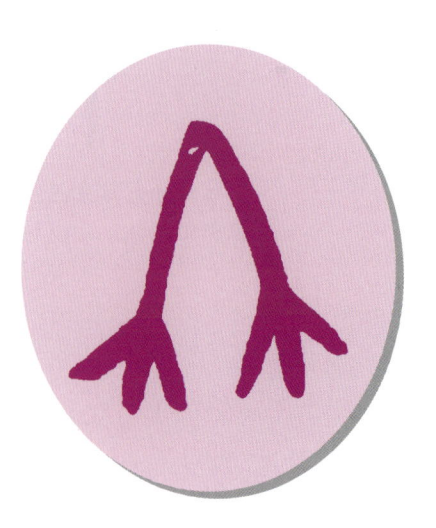

甲骨文"竹"字多种写法

甲骨文"竹"字拓片

书写时先写左右斜曲画，再写下方短斜画。注意起笔应逆锋入纸，稍加按力，中锋运行，收笔可顺势提锋，稍露锐意。

读一读

竹笋、竹林、竹排、竹筏、势如破竹、胸有成竹、青梅竹马。

拓展阅读

咏竹诗

方志敏

雪压竹低头，低下欲沾泥。
一朝红日起，依旧与天齐。

青竹丹枫
（甲骨文书法）

宁可食无肉，不可居无竹

望竹
（甲骨文篆刻）

huā
花

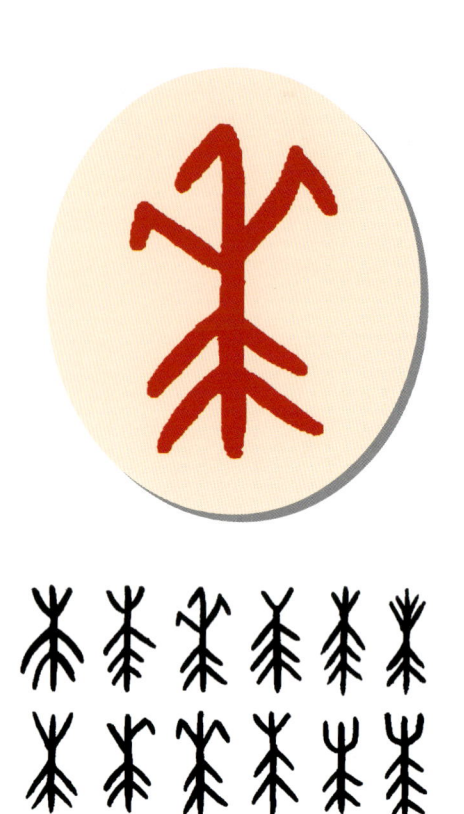

甲骨文"花"字多种写法

甲骨文"花"字,属象形字,像繁花满枝的草木之形。由字形可知,是根系很发达的植物,表示草木荣盛繁茂之意。

本义指花。后来也解释为形状像花朵的东西、花纹、颜色或种类错杂的、不真实的、模糊迷乱、比喻事业的精华、年轻漂亮的女子等。

甲骨文"花"字拓片

第一级

甲骨文"花"字的写法较多，可参照所附图例及拓片。书写时先写中间长竖画，再写两边的斜画，注意长竖画要逆入回出，运笔不宜过快，强调拙涩与力度。斜画的长短、粗细要充满变化，不要雷同。

读一读

花卉、花样、花朵、花草、花瓶、花灯、花红柳绿、花样百出、花好月圆、百花齐放、落花流水、心花怒放、雾里看花。

美丽的花纹

花生开花了

花好月圆
（甲骨文篆刻）

27

汉字从哪里来——从甲骨文说起

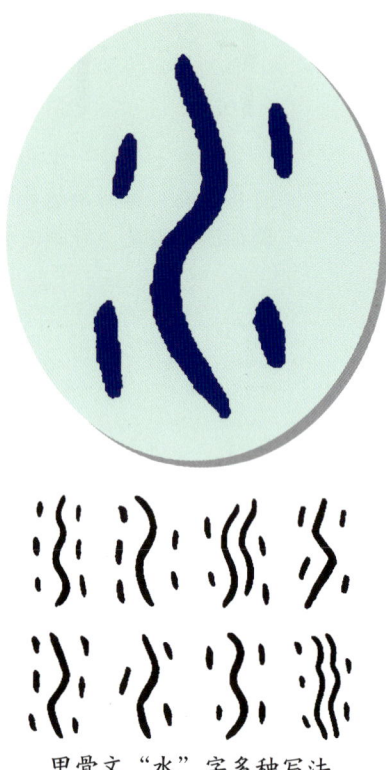

shuǐ
水

甲骨文"水"字多种写法

甲骨文"水"字，属象形字，曲曲弯弯，外侧虚线表示堤岸或溅起的水滴，中间实线表示流水，像水流之状。

本义作水流。后来也解释为江、河、湖、海、洋、稀的汁、额外的收入等。

水今作单用，用作偏旁部首时作上下三点"氵"。

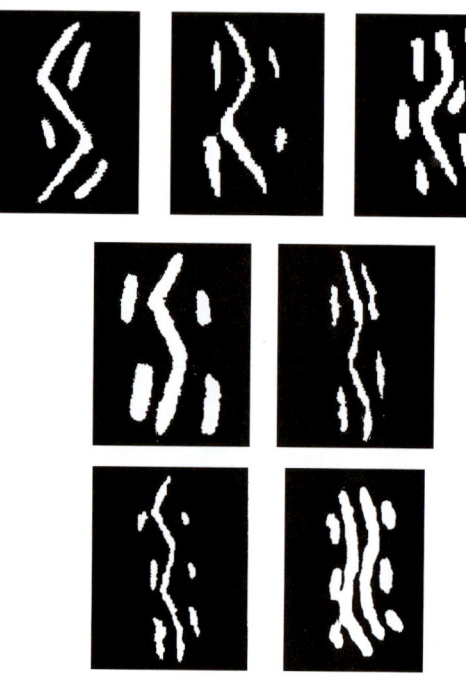

甲骨文"水"字拓片

书写时先写中间主笔画，再写两边笔画，随弯带弯，流畅自然为宜。

读一读

水平、水果、泉水、泪水、水稻、山水、水晶、水土不服、水滴石穿、青山绿水、山穷水尽、万水千山、高山流水。

猜一猜

用手拿不起，用刀劈不开，
煮饭和洗衣，都得请我来。
（打一自然物）

白毛浮绿水

寻山探水
（甲骨文书法）

跋山涉水
（甲骨文篆刻）

huǒ
火

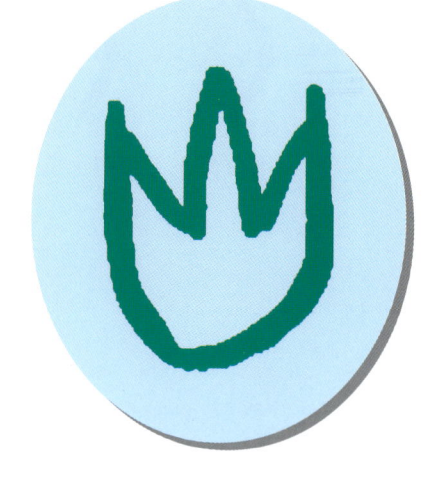

甲骨文"火"字，属象形字，像火焰升腾之状，带点的表示烟屑与火苗。

本义是物体燃烧所形成的火团、火光。后来也解释为火气、弹药、怒气、兴旺、紧急等。

火字可单用，或作偏旁，用在字下时作并列四点式"灬"。

注意：甲骨文"火"与"山"不能混淆。"火"一般下方呈圆势，"山"字下方一般呈平势。

甲骨文"火"字多种写法

甲骨文"火"字拓片

先写中间的"∧"形笔画，再写左右两边的斜画，最后写下面包围式曲画及点画。注意各部分笔画要衔接自然、粗细协调一致。

读一读

　　火车、火山、火锅、火海、火红、发火、水深火热、火冒三丈、火烧眉毛、火眼金睛、火中取栗。

拓展阅读

　　原始人最初不会用火，后发现雷击燃木之自然山火烧烤后的野兽肉比生的好吃，就开始保留火种，直至发明人工取火。发明者据传是三皇五帝中的燧人氏。

火箭发射

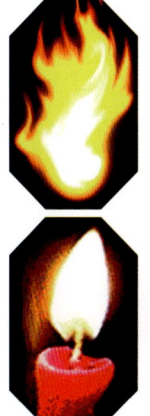

火

刀山火海
（甲骨文篆刻）

shān
山

甲骨文"山"字多种写法

甲骨文"山"字,属象形字,像三个山头并列起伏之形。本义指大山、山峰。后来也解释为形状像山的东西、山墙等。

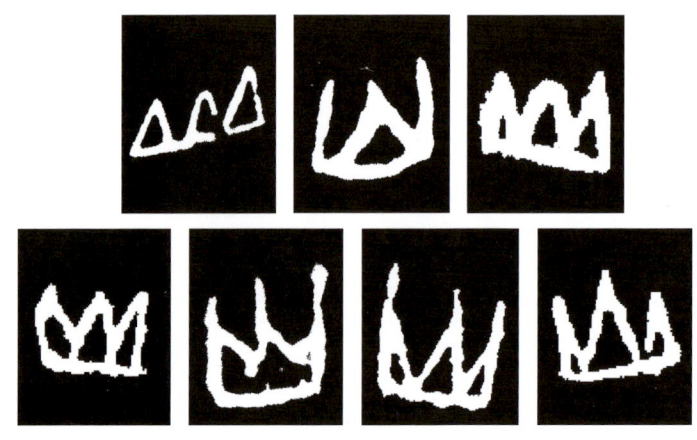

甲骨文"山"字拓片

第一级

书写时先写外框主曲画，再写中间笔画。一字多形，甲骨文"山"的写法很多，可参照所附图例与拓片。

读一读

雪山、山路、山洞、山庄、山林、山水相连、山重水复、山珍海味、山清水秀、人山人海。

拓展阅读

山居秋暝（节选）

［唐］王维

空山新雨后，天气晚来秋。
明月松间照，清泉石上流。

山路弯弯

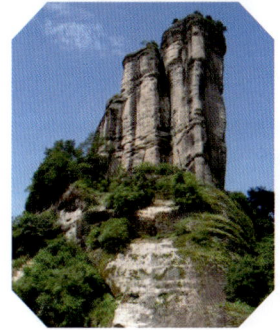

祖国的名山大川

江山如画
（甲骨文篆刻）

汉字从哪里来——从甲骨文说起

石 shí

其他读音：dàn

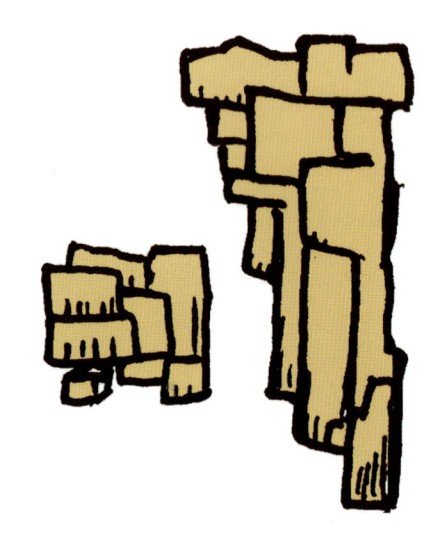

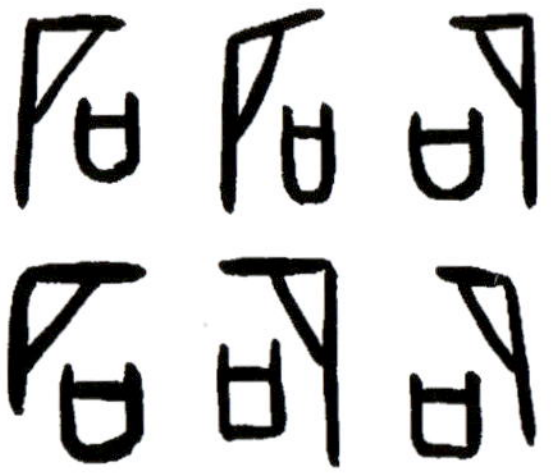

甲骨文"石"字多种写法

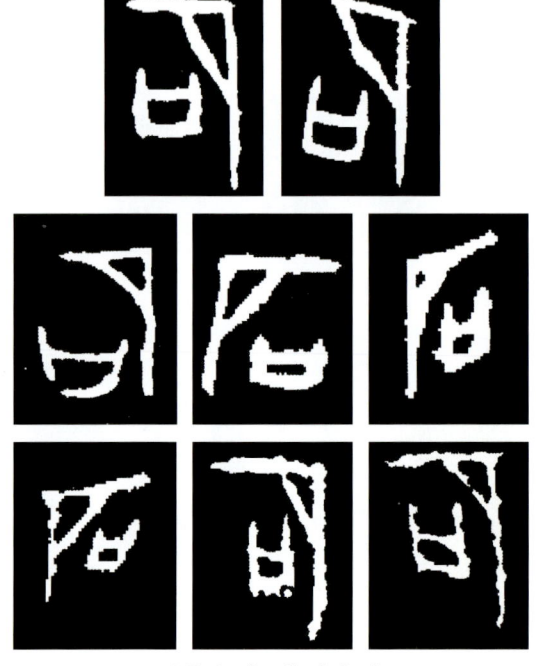

甲骨文"石"字，属象形字，像岩石之形。

本义指山石。后来也解释为石刻、容量单位等。

甲骨文"石"字拓片

第一级

甲骨文"石"字可正反书写。先写上方横折画与斜画，再写下方口部，注意两者之间的距离、大小等变化。

读一读

石油、石头、石雕、矿石、岩石、化石、一石二鸟、石破天惊、点石成金、水落石出、石沉大海。

鹅卵石

拓展阅读

女娲炼石补天

相传远古时代，天塌地陷，世界陷入巨大灾难。善良的女娲不忍人们生活在痛苦中，于是炼五色石，将天空补好，使万物得以安居。

从此，有朝霞，有晚霞，有碧蓝的天空，也有了彩虹。

刻字石

寿山印石

青田印石

田黄印石

鸡血印石

石不能言最可人
（甲骨文篆刻）

汉字从哪里来——从甲骨文说起

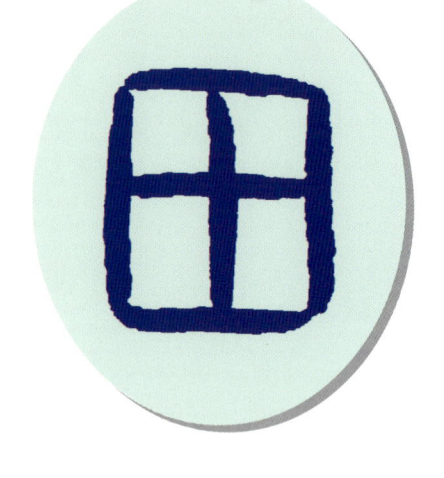

tián
田

甲骨文"田"字，属象形字，像阡陌交错的田块，中间横竖笔画就像纵横的田埂将其分成一块块小田。

本义是指农田或耕种的土地。后来也解释为可供开采的蕴藏矿物的地带等。

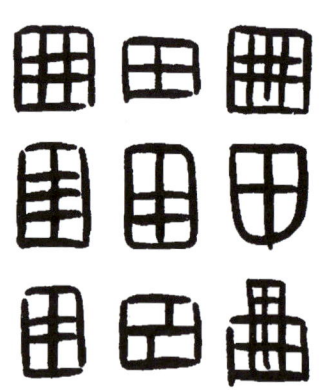

甲骨文"田"字多种写法

甲骨文"田"字拓片

第一级

𝌀 𝌁 ○ 口 日 田

　　一字多形，甲骨文"田"字写法较多，可参照所附图例与拓片。书写时从外向里顺序而书，注意方圆、大小变化。

读一读

　　田地、种田、农田、田径、田野、田螺、田园、求田向舍、沧海桑田。

拓展阅读

悯农（其一）

［唐］李绅

春种一粒粟，秋收万颗子。
四海无闲田，农夫犹饿死。

稻田

莲叶何田田

田苗
（甲骨文篆刻）

37

河 hé

甲骨文"河"字,属形声字。从水,像水流之形。从"何"、从"丂",或水旁之旁从一曲线等形式,在这里皆作标声。表示河流之意。

本义是指河。后来也解释为银河系、特指黄河等。

甲骨文"河"字多种写法

甲骨文"河"字拓片

第一级

甲骨文"河"字写法很多，可参照所附图例与拓片。书写时先写长曲画，最后写点画。注意曲笔要自然顺畅，线条要浑厚朴实，点画要有大小轻重变化，不能有拥挤堵塞感。

读一读

河道、河流、河山、拔河、银河、运河、口若悬河、信口开河、江河日下、锦绣山河。

拓展阅读

黄河：发源于青海，流经9个省区，在山东省境内注入渤海，全长5464千米，为中国第二长河。

画我祖国好河山
（甲骨文书法）

九曲黄河天上来

亚马孙河
（甲骨文篆刻）

39

汉字从哪里来——从甲骨文说起

tǔ
土

甲骨文"土"字,属象形字,像从地上凸起来的土堆形,或像一个土堆的轮廓,旁侧带点的表示尘土。应是古代原始的祭社情形,故也为社之初文。

本义指聚土以祭土地神。后来解释为灰尘、土地、本地的、民间的、不开通的等。

甲骨文"土"字多种写法

甲骨文"土"字拓片

40

书写时从上至下依序而书,注意土堆的大小、高矮变化。

读一读

土地、本土、沙土、领土、乡土、风土人情、水土不服、土崩瓦解、土生土长。

猜一猜

走在上面,坐在下面,
挂在右边,堆在左边。
（打一字）

泥土是种子的家

黑土地上农事忙

土石山川
（甲骨文篆刻）

41

年 nián

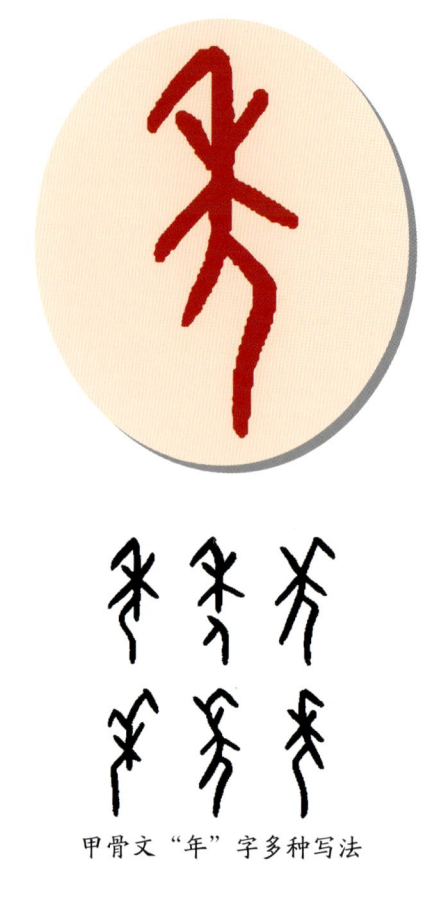

甲骨文"年"字多种写法

甲骨文"年"字，属会意字。异体写作"秊"。上从"禾"，下从"人"，两形会意，表示人背负着成熟的谷物，表丰收之意。过去庄稼一年一熟，庄稼收获了，一年过去了。

本义指谷物成熟。后来解释为时间单位、收成、新年、岁数、时期、每年的等。

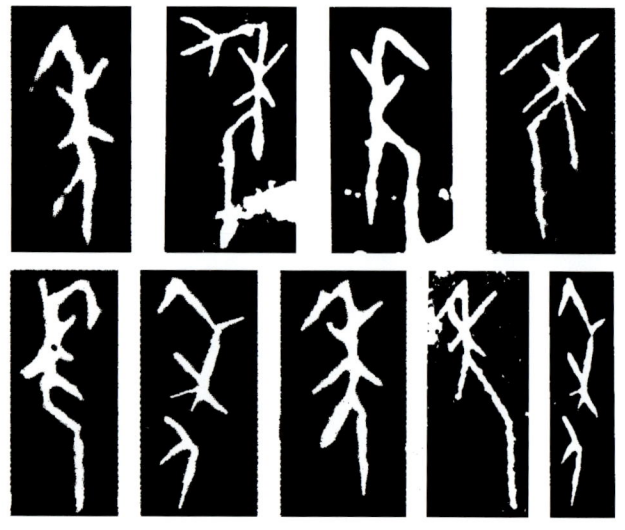

甲骨文"年"字拓片

第一级

书写时先写禾部,再写人部,注意结体布白要匀称平稳,不要散乱。
甲骨文字"年"的写法较多,可参照所附图例与拓片。

读一读

年代、年轻、年纪、年级、年画、年轮、年华、过年、度日如年、年轻气盛、长年累月、年富力强、年逾古稀。

拓展阅读

"过年"的传说

中国古时候有一种叫"年"的怪兽,异常凶猛,长年深居海底,每到除夕便爬上岸,吞食牲口、伤害人命,因此人们纷纷逃往深山去避难。有一年,一个白胡子老者告诉了人们驱赶"年"兽的办法。

原来,"年"最怕红色、火光和炸响。于是人们就贴红对联、燃放爆竹、遍燃灯烛,把"年"兽吓跑。后来,这风俗越传越广,就成了春节。

"年年有余"窗花

丰年
(甲骨文篆刻)

43

月 yuè

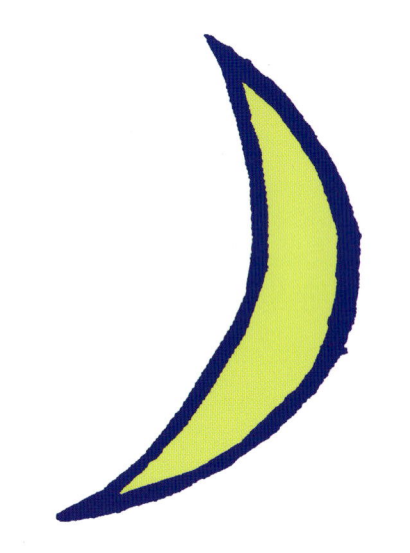

甲骨文"月"字多种写法

甲骨文"月"字，属象形字，像是半月之形。因月亮缺多圆少，故以缺月之形为象。

本义是指月亮。后来也解释为每月的、形状像月亮的、计时单位等。

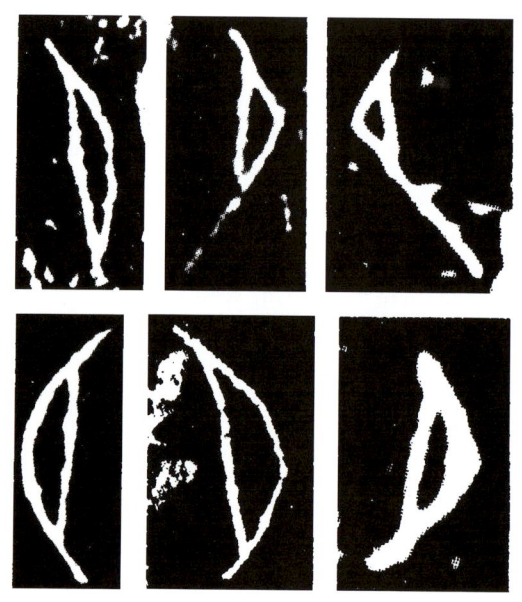

甲骨文"月"字拓片

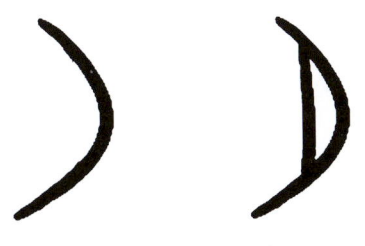

书写时先写主笔圆曲画，再写直画，注意形象灵活生动、线条凝重朴实。

读一读

　　月光、月球、月饼、岁月、日月、月白风清、月光如水、花好月圆、日新月异、闭月羞花。

拓展阅读

古朗月行
［唐］李白
小时不识月，呼作白玉盘。
又疑瑶台镜，飞在青云端。

静夜思
［唐］李白
床前明月光，疑是地上霜。
举头望明月，低头思故乡。

日新月异
（甲骨文书法）

皓月当空

天中月好
（甲骨文篆刻）

汉字从哪里来——从甲骨文说起

日 rì

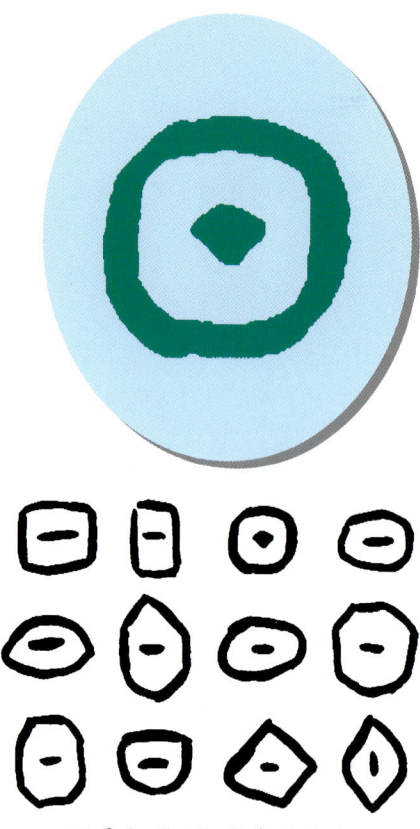

甲骨文"日"字多种写法

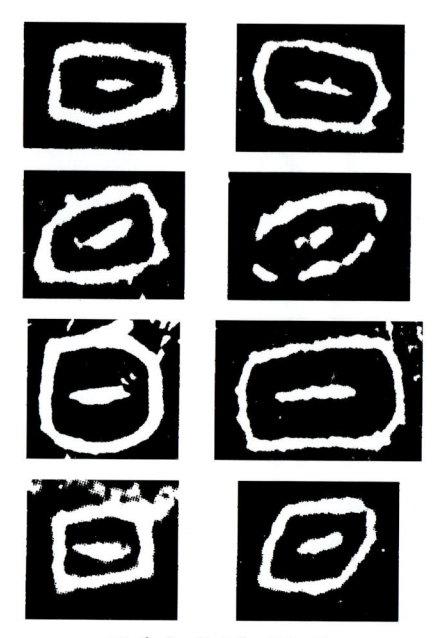

甲骨文"日"字，属象形字，像太阳之形。甲骨文中的日字都是圆圈中加一个小黑点，这是为了有别于口字。后来为了便于用刀刻写甲骨文，日的轮廓方形间改作一横。

本义是太阳。后来也解释为白天、每天、一段时间、某一天等。

甲骨文"日"字拓片

46

甲骨文"日"字的写法较多，可参照所附图例及拓片。书写时先写外框，再写中间的笔画。用笔捻转顺畅、衔接自然。

读一读

日记、日程、日落、日光、日子、日夜兼程、日趋完善、日新月异、夜以继日、指日可待、蒸蒸日上。

拓展阅读

忆江南

［唐］白居易

江南好，风景旧曾谙。
日出江花红胜火，
春来江水绿如蓝。
能不忆江南？

日落

观日
（甲骨文书法）

重见天日
（甲骨文篆刻）

汉字从哪里来——从甲骨文说起

xīng
星

甲骨文"星"字，属形声字。从"口"，有二口、五口不等，皆像星形，因刀镌刻不便，把不规则星形改成横竖方口形。从"生"，像地面上长有草木之形，这里兼作标声。

本义指星星、星辰。后来也解释为细小的东西、明星、星宿等。

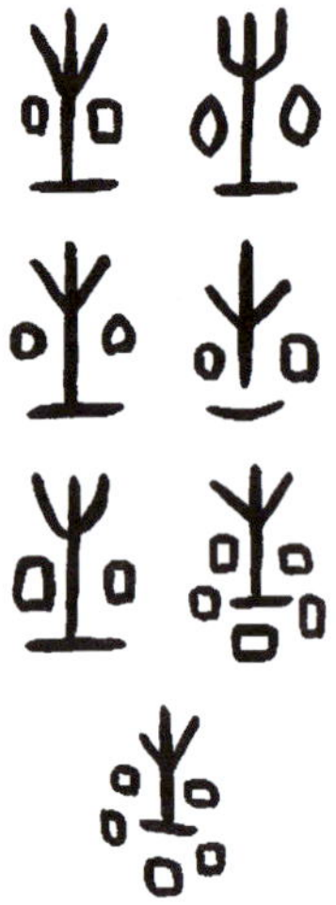

甲骨文"星"字多种写法

甲骨文"星"字拓片

48

第一级

书写时先写中间竖画和斜画，再写两边的方口，注意距离、大小等变化。

读一读

星辰、星球、星河、星星点点、星罗棋布、斗转星移、星火燎原、披星戴月。

拓展阅读

夜宿山寺

[唐] 李白

危楼高百尺，手可摘星辰。
不敢高声语，恐惊天上人。

大步流星
（甲骨文书法）

满天繁星

渔火若星
（甲骨文篆刻）

云 yún

甲骨文"云"字多种写法

甲骨文"云"字，属象形字，像天空中舒卷而动的云层形。繁体字"雲"有义符"雨"字头表云雨，今汉字简化规范为"云"。

本义是指云气。后来也解释为说、表示强调等。

甲骨文"云"字拓片

第一级

丶 丿 ㄋ

书写时从上至下，上方笔画以直为主，注意长短的配合；下方笔画以曲为主，注意顺畅自然。甲骨文"云"字写法较多，可参照所附图例与拓片。

读一读

云彩、云霄、云海、风云、云集、云开日出、平步青云、壮志凌云、拨云见日、过眼云烟。

猜一猜

像是烟来没有火，说是雨来又不落。
有时能遮半边天，有时只见一朵朵。
（打一自然现象）

风吹云散
（甲骨文书法）

朝云
（甲骨文篆刻）

鱼鳞云

汉字从哪里来——从甲骨文说起

yǔ
雨

甲骨文"雨"字，属象形会意字，像天上落下雨点之形，上加一横画表示天或云层。

甲骨文"雨"字多种写法

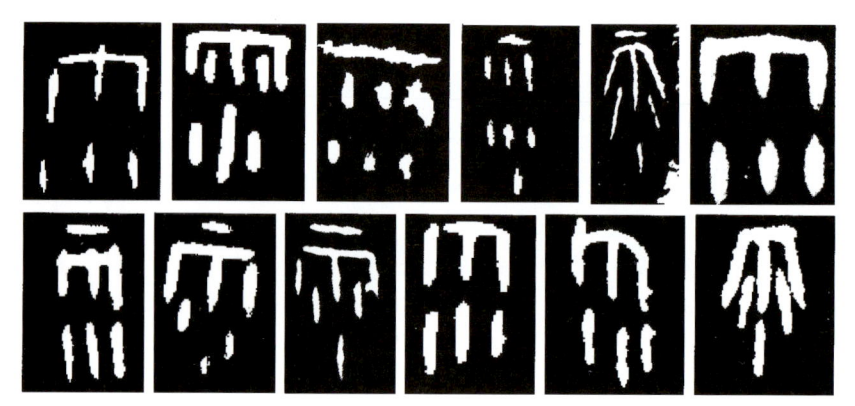

甲骨文"雨"字拓片

一 帀 帀

书写时先写上横，再写下方点画。注意点画大小、间距、动势都要有变化，不能千篇一律。

读一读

雨季、雨点、雨鞋、风雨、暴雨、雨后春笋、雨过天晴、风雨同舟、春风化雨、风雨无阻、斜风细雨。

拓展阅读

下雨啦

滴答，滴答。下雨了，下雨了。

柳树说："下吧，下吧，我要发芽。"

小草说："下吧，下吧，我要变绿。"

小青蛙说："下吧，下吧，我要洗澡。"

桃树说："下吧，下吧，我要开花。"

小朋友说："下吧，下吧，我要种瓜。"

小雨点说话，沙沙，沙沙

听雨
（甲骨文篆刻）

风 fēng

甲骨文"风"字，属假借字，借"凤"为"风"。像是一只高冠、花翎长尾的凤鸟形。因风很难表现，又因凤飞而风生，故借以表示"风"。

甲骨文"风"字多种写法

甲骨文"风"字拓片

书写时从上至下顺序而书，注意结体的匀称、灵动与变化，圆曲笔画要婉转灵活、顺畅自然。

读一读

风波、风险、风格、风景、风气、风筝、风沙、风景如画、风云变幻、风华正茂、风平浪静、满面春风。

拓展阅读

风

［唐］李峤

解落三秋叶，能开二月花。
过江千尺浪，入竹万竿斜。

立新风
（甲骨文书法）

惠风和畅
（甲骨文篆刻）

柳条随风飘

汉字从哪里来——从甲骨文说起

雪 xuě

甲骨文"雪"字，属象形会意字。上下结体，从雨、从彗，像天空下着鹅毛大雪之状，以表天降大雪之意。雪为白色冰晶体，多为六角形，是空气中的水蒸气在气温零度以下时凝结而成的。

本义指空中飘落白雪。后来也解释为像雨的、洗掉等。

甲骨文"雪"字多种写法

甲骨文"雪"字拓片

第一级

书写时先写上方雨字头，再写中部笔画，最后写上点画。注意结体布白要匀称自然，一般上部结体要比下部宽大一点。

读一读

雪人、雪亮、雪白、风雪、雪中送炭、雪泥鸿爪、程门立雪。

下雪啦

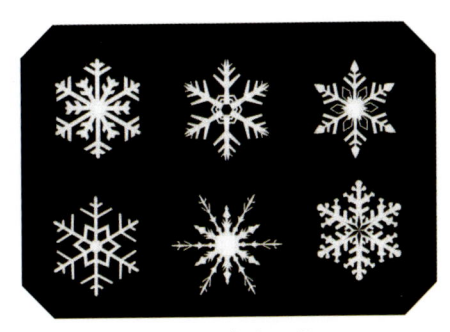

雪花的形状

猜一猜

一片二片三四片，
五片六片七八片。
九片十片无数片，
飞入水中都不见。
（打一自然物）

雪花
（甲骨文篆刻）

57

草 cǎo

甲骨文"草"字多种写法

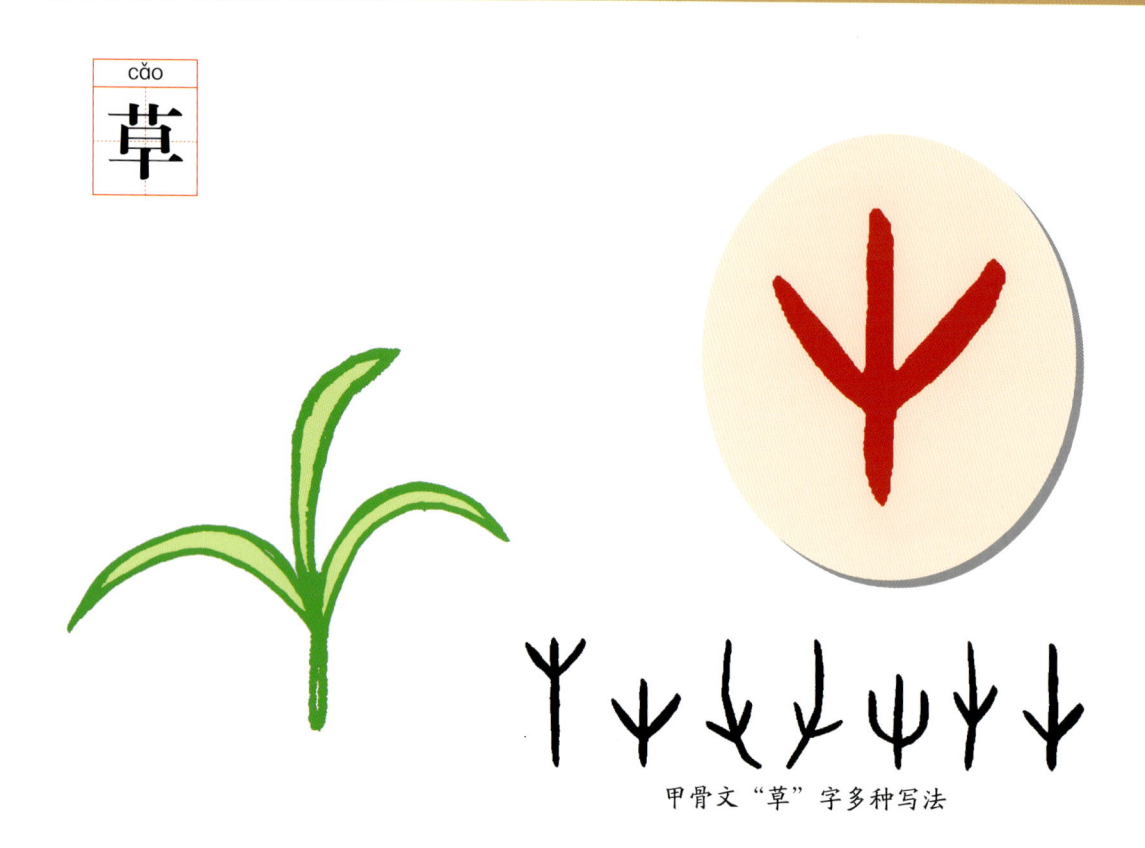

甲骨文"草"字，属象形字，像初生的小草形。

本义为初生的小草。后来也解释为不仔细、初步的、起草、民间等。

草作偏旁部首时写作"艹"。

甲骨文"草"字拓片

第一级

丨 丫 屮

书写时先写中间笔画，再写两侧笔画，用笔凝重，笔墨浑厚。

读一读

草书、草地、草稿、草药、草帽、花草、风吹草动、寸草不生、草草了事、绿草如茵、奇花异草。

草芽尖尖，它对小鸟说："我是春天。"

粉黛乱子草

狗尾草
（甲骨文篆刻）

59

chóng
虫

甲骨文"虫"字，属象形字，上方是三角形虫头，下方是身体弯曲、尾巴上翘的虫身。又似蛇的形象。

本义指蛇。后来为昆虫类的通称。

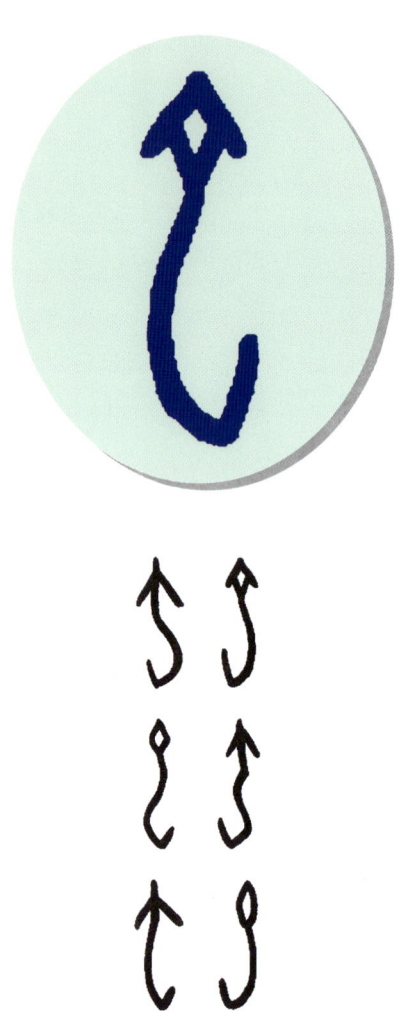

甲骨文"虫"字多种写法

甲骨文"虫"字拓片

书写时从头至尾，随弯带弯，要写得自然流畅。

读一读

昆虫、幼虫、懒虫、害虫、蚊虫、雕虫小技、百足之虫。

虫

拓展阅读

虫不仅种类繁多，且常成堆聚集，故写成三个虫"蟲"，是古代对动物的通称。民间把老虎称"大虫"，蛇叫"长虫"，鼠叫"老虫"，称糊涂人为"糊涂虫"，把不干活的人叫"懒虫"，把爱书的人叫"书虫"。

七星瓢虫

书虫
（甲骨文篆刻）

鱼 yú

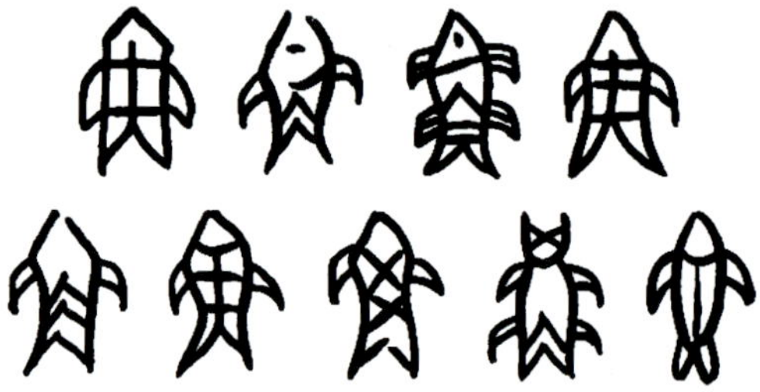

甲骨文"鱼"字多种写法

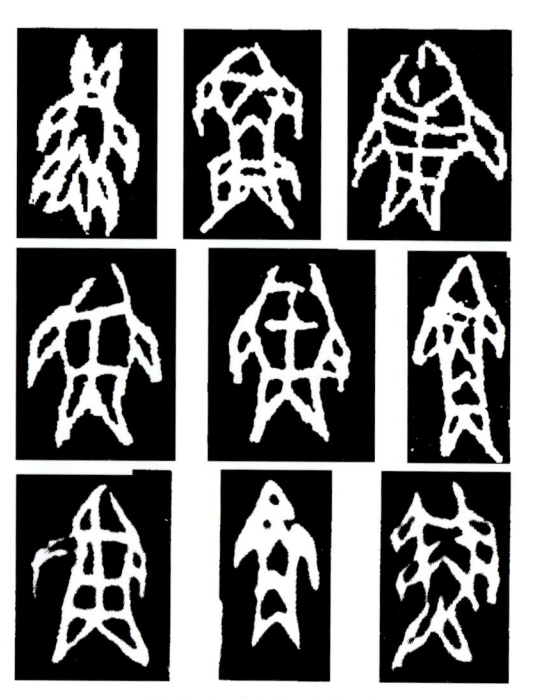

甲骨文"鱼"字，属象形字，像一条竖立的大鱼。上方是鱼头，中间是鱼身，下面是鱼尾，鱼身上的纵横交叉线条表示鱼鳞，两侧还有鱼鳍。

甲骨文"鱼"字拓片

第一级

书写时可先写左右两边主曲画，再从上至下写中间代表鱼鳞的笔画，最后写两侧代表鱼鳍的笔画。注意鱼的造型要形象生动。

读一读

　　鱼竿、鱼饵、鱼塘、鱼缸、金鱼、钓鱼、鱼龙混杂、鱼贯而入、鱼死网破、如鱼得水、浑水摸鱼。

猜一猜

　　没胳膊没腿，从来不离水。
　　走路不用脚，摇头又摆尾。
　　　　（打一生物）

鱼戏莲叶间

鲤鱼剪纸

（肖形鱼篆刻）

年年有余
（甲骨文篆刻）

63

niǎo

鸟

甲骨文"鸟"字,属象形字,像是一只昂首勾喙威严蹲踞的猛禽之形。

本义指长尾飞禽。后来为鸟纲动物的统称。

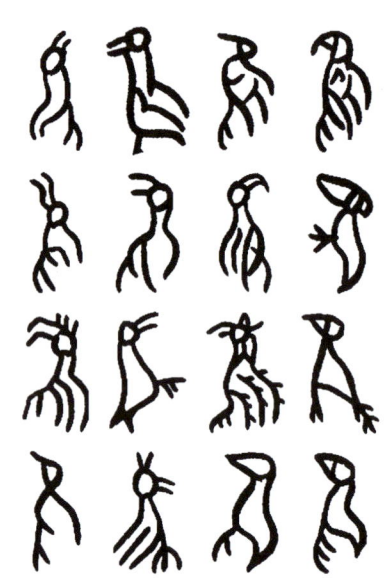

甲骨文"鸟"字多种写法

甲骨文"鸟"字拓片

第一级

甲骨文"鸟"字写法较多，参见所附图例与拓片。先书写头部笔画，再写代表鸟身的笔画，最后写其余笔画。注意造型准确、生动，笔致要浑朴自然。

读一读

鸟笼、鸟瞰、鸟巢、鸟儿、候鸟、翠鸟、鸟尽弓藏、笨鸟先飞、惊弓之鸟、一石二鸟。

鸟吃虫

鸟语花香

小鸟
（甲骨文篆刻）

（肖形鸟篆刻）

65

shǔ
鼠

甲骨文"鼠"字,属象形字,像一只老鼠。上部似头与利牙,下部似足尾,头上的小点表示老鼠吃食时抛洒的残屑。

甲骨文"鼠"字多种写法

甲骨文"鼠"字拓片

第一级

书写时先写鼠首部笔画，再写鼠身部笔画，最后写点画。注意上下两部分大小比例及形象性。甲骨文"鼠"的写法很多，可参照所附图例与拓片。

读一读

田鼠、松鼠、袋鼠、抱头鼠窜、胆小如鼠、蛇鼠一窝。

拓展阅读

小老鼠上灯台

小老鼠，上灯台，偷油吃，下不来，喵喵喵，猫来啦，叽哩咕噜滚下来。

小松鼠吃花生

鼠目寸光
（甲骨文书法）

老鼠

（肖形鼠篆刻）

67

niú

牛

甲骨文"牛"字多种写法

甲骨文"牛"字,属象形字,像正视牛头之形。
本义指哺乳动物牛。后来也解释为固执、本领大等。

甲骨文"牛"字拓片

甲骨文"牛"字的写法很多,用毛笔书写时先写中竖,再从左往右写两侧笔画,要注意对称、匀称及笔画粗细变化。

读一读

牛奶、牛角、牛仔、放牛、吹牛、九牛一毛、牛高马大、牛气冲天、牛头马面、风马牛不相及、牛鬼蛇神。

拓展阅读

牛有四个胃,吃下去的食物会反刍到嘴里再次咀嚼。在十二生肖中,牛的体积较大,与鼠成对比,所以人们在生活中以鼠喻小,以牛喻大。如"杀鸡焉用牛刀""牛鼎烹鸡"比喻大材小用。

牛

犀牛

(肖形牛篆刻)

hǔ
虎

甲骨文"虎"字多种写法

甲骨文"虎"字,属象形字,像一只张嘴露齿、侧立带有斑纹的老虎之形。甲骨文中如犬、象、猴等动物类文字皆侧立形,因侧立省地方,不妨碍两边书写的其他文字,符合汉字横窄竖长的特性。

本义指老虎。后来也解释为威武、露出凶相等。

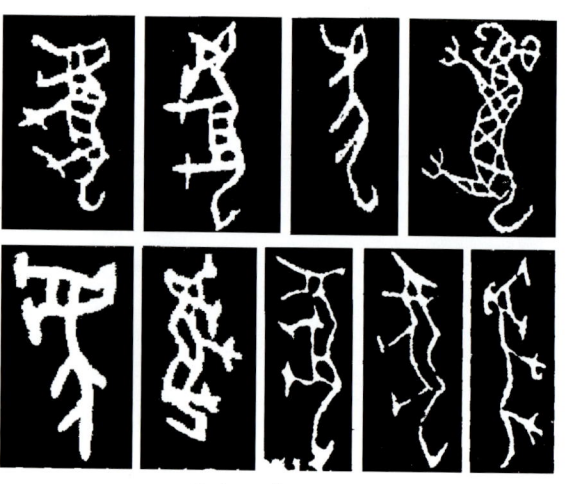

甲骨文"虎"字拓片

第一级

书写时从上至下先写虎头再写虎身，最后写其他笔画。

读一读

虎啸、马虎、虎将、壁虎、生龙活虎、卧虎藏龙、龙争虎斗、虎口余生、虎穴龙潭、虎背熊腰、虎头蛇尾。

虎

拓展阅读

两只老虎

两只老虎，两只老虎，跑得快，跑得快。一只没有眼睛，一只没有尾巴，真奇怪，真奇怪。

武松打虎

（肖形虎篆刻）

71

汉字从哪里来——从甲骨文说起

tù
兔

甲骨文"兔"字，属象形字。有头、身、足和尾，突出了短尾巴，像一只兔子形。

甲骨文"兔"字多种写法

甲骨文"兔"字拓片

书写时从上至下，先写头部笔画，注意头形、眼目线条的屈曲伸展，笔画定位要正确。再写兔身部分笔画，注意结体匀称，与头部笔画比例适当，要形象生动。用笔要果断老到，凝重而有力度，不能有犹豫与呆板痕迹。

读一读

白兔、野兔、玉兔、兔死狗烹、守株待兔、狡兔三窟、见兔放鹰、动如脱兔。

拓展阅读

小白兔

小白兔，穿皮袄，
耳朵长，尾巴短。
三瓣嘴，胡子翘，
一动一动总在笑。

兔子

（肖形兔篆刻）

lóng
龙

甲骨文"龙"字多种写法

甲骨文"龙"字拓片

甲骨文"龙"字,属象形字,像是传说中的神异动物龙之形,头上有冠,有角,巨口,身曲,有鳞,有爪,有尾。

本义是指古代传说中的神异动物,能走,能飞,能游水,能呼风唤雨。后来也解释为形状像龙的东西、古代某些爬行动物等。

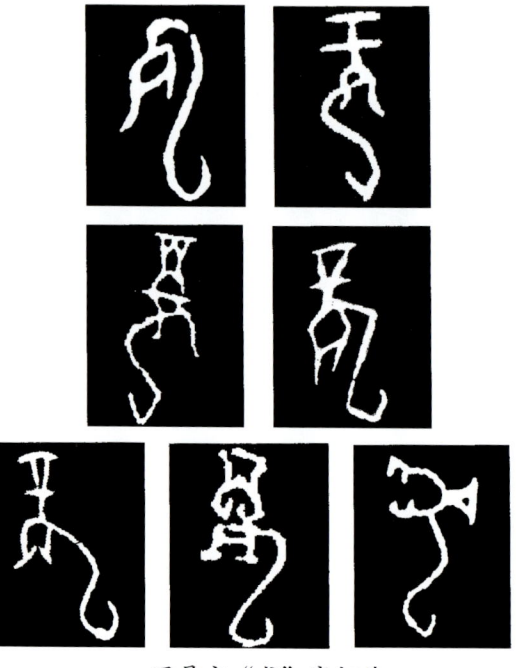

甲骨文"龙"字写法较多，可参照所附图例与拓片。书写时先写龙头部分笔画，再写代表龙身、牙齿等部分的笔画，最后写"S"形长曲画。

读一读

蛟龙、龙眼、龙虾、接龙、合龙、生龙活虎、双龙戏珠、画龙点睛、龙凤呈祥、龙马精神。

拓展阅读

龙有崇高无比的地位，它是权势、高贵、伟大的象征。封建王朝，皇帝被称为"真龙天子"。龙是中华民族的图腾，中国人被称为"龙的传人"。

龙飞凤舞
（甲骨文书法）

龙

（肖形龙篆刻）

蛇 shé

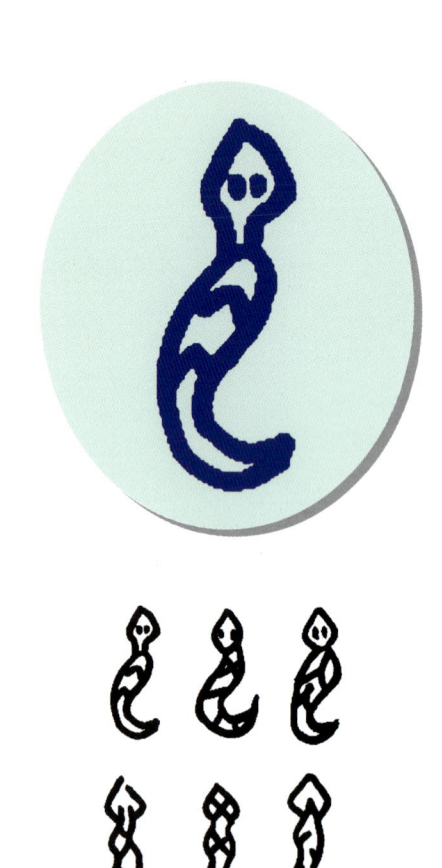

甲骨文"蛇"字多种写法

甲骨文"蛇"字，属象形字，三角的头，弯曲的身体，像是一条蛇。与"虫""它"同源，后分化。

甲骨文"蛇"字拓片

书写时从上往下顺序而书,先写外框,再写中间斜画,两侧曲画要平稳对应,注重变化,不要雷同。用笔要随弯带弯,笔随线转,顺畅自然。

读一读

毒蛇、蛇行、蛇岛、蛇胆、画蛇添足、引蛇出洞、打草惊蛇、蛇蝎心肠、杯弓蛇影。

拓展阅读

农夫和蛇(寓言故事)

在一个严寒的冬天,一位农夫在路边看到一条冻僵了的蛇。农夫可怜蛇,就把它放入怀里。蛇渐渐地苏醒过来,但它不但不感恩,还恩将仇报,咬了农夫一口。这个故事告诉人们,在保持善良的同时,也要学会区分和看清事物本质,避免盲目付出而受到伤害。

蛇

(肖形蛇篆刻)

mǎ
马

甲骨文"马"字多种写法

甲骨文"马"字，属象形字，有头，有身，有足，有尾，更突出其背部的三鬃毛，像是马之形态。采用立写。四足简为两足，马脖上的鬃毛一般常写三根，尾部有三叉形。

甲骨文"马"字拓片

书写时从上至下，先写头部，再写马身马尾等笔画。注意比例与形象要生动多姿，恰到好处。

读一读

马路、马达、马车、马上、马到成功、千军万马、走马观花、指鹿为马、兵荒马乱、马马虎虎。

拓展阅读

马和鸭

马后面有群鸭，鸭后面打群马，小华忙数马和鸭，小花忙数鸭和马。小华数完说腿的只数总共一百二十八，小花数完说头的只数总共五十八。请你动脑筋算一算，多少马来多少鸭？

赤兔马
（甲骨文书法）

（肖形马篆刻）

老马识途
（甲骨文篆刻）

马

yáng
羊

甲骨文"羊"字，属象形字，像是羊首之形。凡从羊取义的字都与羊、美善、吉祥等义有关。

古人的祭祀与日常生活都跟羊有密切关系，羊常被视为吉祥的象征。

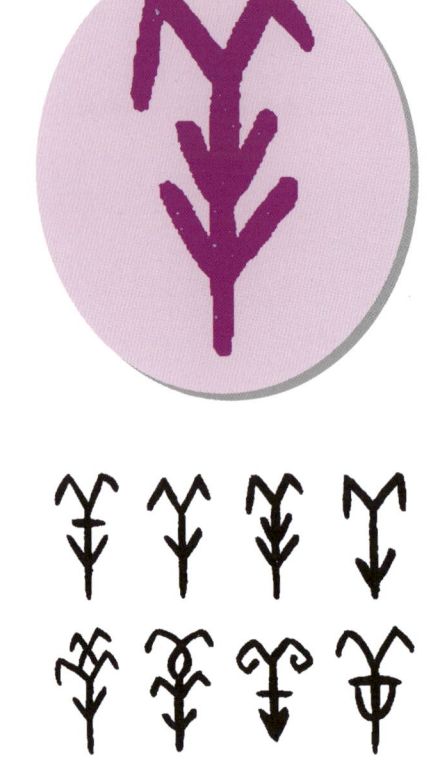

甲骨文"羊"字多种写法

甲骨文"羊"字拓片

甲骨文"羊"的写法较多，可参照所附图例与拓片。书写时从上至下顺序而书。先写代表羊角的笔画，再写主竖画，最后写两侧斜画。注意对应、平稳、匀称及结体的美观典雅。

读一读

羊群、绵羊、羊羔、亡羊补牢、羊落虎口、羊质虎皮、羊肠小道。

拓展阅读

羊是人类最早驯化的动物之一，种类繁多。古代谁的羊多，就代表越富有越吉祥。羔羊吃奶时跪着，于是人们把羊作为子女孝顺父母的象征。

山羊
（甲骨文书法）

羊

（肖形羊篆刻）

hóu
猴

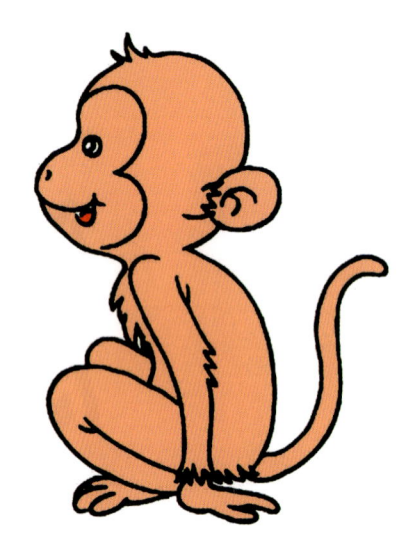

甲骨文"猴"字，属象形字。像一只蹲在地上的猴子形，有目，有耳，有尾，有爪，有的还像捧着食物在吃。

本义指猴。后来也解释为机敏、灵活、像猴似的蹲着等。

甲骨文"猴"字多种写法

甲骨文"猴"字拓片

凡动物一类的甲骨文象形字，一般都先写头部笔画，再写身躯部分笔画，最后写四肢部分笔画。书写时曲伸自然舒畅，不要迟疑断续。形态要生动有趣。

读一读

猴子、猴急、猴拳、猴子捞月、猴头猴脑、猴年马月。

猴

拓展阅读

绕口令

树上有只小桃子，
树下有只小猴子。
风吹桃树哗哗响，
树上掉下小桃子，
桃子打着小猴子，
猴子吃掉小桃子。

（肖形猴篆刻）

鸡 jī

甲骨文"鸡"字多种写法

甲骨文"鸡"字，属象形字。合体构形，像公鸡形。另有左右构形，右边似鸟形，左边是"奚"作声符。

甲骨文"鸡"字拓片

第一级

甲骨文"鸡"字写法较多，可参照所附图例与拓片。书写时从左往右、从上至下顺序而书。

读一读

鸡笼、鸡蛋、公鸡、闻鸡起舞、鸡鸣狗盗、鸡毛蒜皮、鸡皮疙瘩、鸡飞蛋打、鸡犬不宁。

鸡鸭剪纸

公鸡的尾巴弯

拓展阅读

在一起

小黄鸡，小黑鸡，欢欢喜喜在一起。
刨刨土，捉捉虫，青草地上做游戏。

有礼貌

大公鸡，有礼貌，见了太阳就问好。
太阳公公眯眯笑，奖他一顶大红帽。

（肖形鸡篆刻）

85

汉字从哪里来——从甲骨文说起

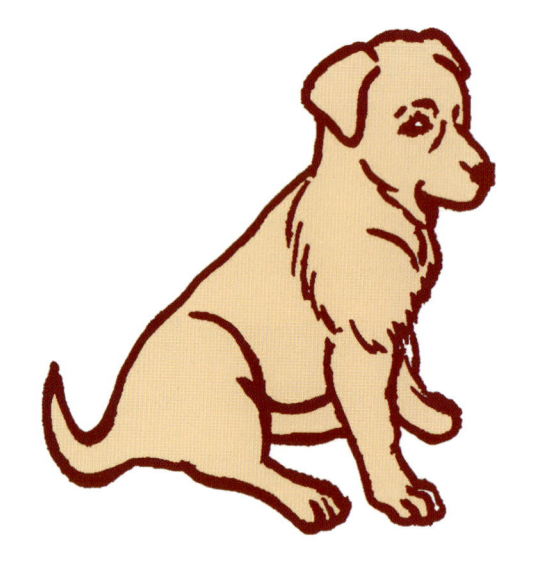

gǒu
狗

甲骨文"犬"字多种写法

"狗"这种动物最早是用"犬"字表示的，后来才演化出狗字，所以这里呈现的是甲骨文"犬"字。

甲骨文"犬"字拓片

第一级

甲骨文"犬"字写法较多，可参照所附图例与拓片。先写长主曲画，再写其他斜画。注意尾巴部分笔画要往上勾，若不作上勾就成了甲骨文"豕"字。

读一读

猎狗、狼狗、狗熊、狗皮膏药、偷鸡摸狗、狐朋狗友、鸡飞狗跳、天狗望月。

拓展阅读

小花狗

一只小花狗，蹲在大门口。
两眼黑黝黝，想吃肉骨头。

猜一猜

粽子头，梅花脚，
屁股挂把弯镰刀，
黑白灰黄花皮袄，
坐着反比站着高。
（打一动物）

狗

（肖形狗篆刻）

87

猪 zhū

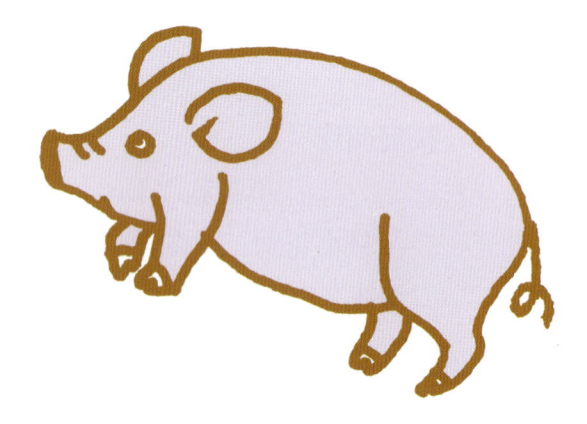

甲骨文"猪"字,属象形字,像头肥、腹大、尾垂的大猪形。

甲骨文"猪"字多种写法

甲骨文"猪"字拓片

第一级

书写时从上至下顺序而书，也可先写主曲画，再写其余笔画，注意主曲画要写得自然顺畅，浑朴厚重。

读一读

野猪、豪猪、猪倌、猪草、猪朋狗友、一龙一猪。

拓展阅读

小 猪

小猪小猪胖乎乎，
耳朵大，腿儿粗，
走起路来摇尾巴，
唱起歌来呼噜噜。

猪八戒

猪

（肖形猪篆刻）

汉字从哪里来——从甲骨文说起

chūn
春

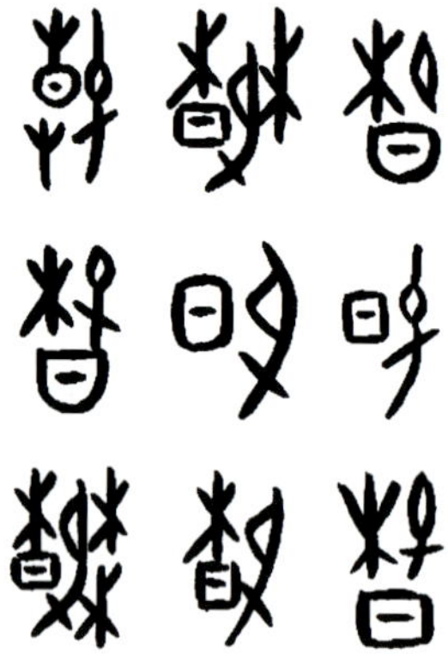

甲骨文"春"字多种写法

甲骨文"春"字，属形声会意字。从"草"或从"木"，义同，像草木之形。从"屯"，表示才破土而出生根发芽之幼苗形，兼作标声。从"日"，像初升太阳之形。三形会意，表示太阳升起、草木清新、种子发芽的时节，即春天。

本义是指春季、春天。后来也解释为一年的时间、生机等。

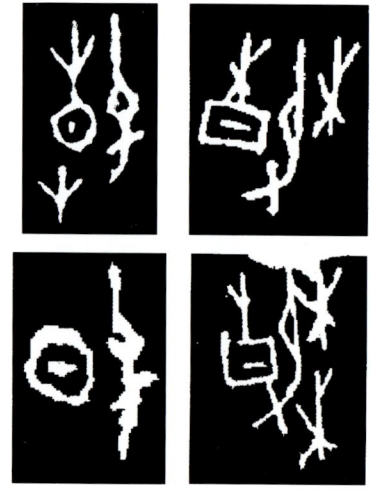

甲骨文"春"字拓片

书写时从左往右、从上至下顺序而书。

读一读

　　春日、春季、春耕、春色、满面春风、春意盎然、春风得意、春风化雨、春光明媚、春华秋实。

桃红又见一年春

拓展阅读

春天真好

春天的花，春天的草，
春天的杨柳扭着腰，
春天的水，春天的鸟，
春天的蜜蜂跳着舞。
春天的路，春天的桥，
春天的灯笼赶热闹。
春天的歌，春天的笑，
春天的风筝飞得高。
春天真美，春天真好，
幸福的童年把春天拥抱。

猜一猜

　　三人同日来，喜见百花开。
　　　　（打一字）

春
（甲骨文篆刻）

91

夏 xià

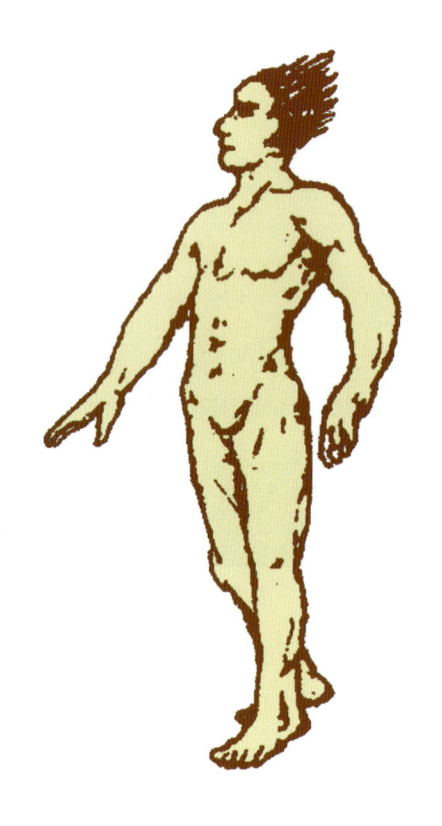

甲骨文"夏"字拓片

　　甲骨文"夏"字，属象形字，有发，有手，有足，有强健的身躯，系人的特写形象。
　　本义指华夏人。后来也解释为中国、朝代名、夏季等。

第一级

书写时先写头部笔画，再写代表身躯的主曲画，最后写代表发、手、足的笔画。注意形态结体要生动自然，线条要刚健遒劲。

读一读

夏天、夏令、盛夏、仲夏、夏练三伏、冬扇夏炉、夏日炎炎、夏日可畏。

拓展阅读

夏天到

夏天到，怎知道？轰隆隆雷公闹。
夏天到，怎知道？咕呱咕呱青蛙叫。
夏天到，怎知道？蜻蜓跳舞荷花笑。
夏天到，怎知道？头上汗珠往下掉。

春安夏泰　秋吉冬祥
（甲骨文书法）

夏至杨梅满山红

夏季
（甲骨文篆刻）

93

qiū
秋

甲骨文"秋"字多种写法

甲骨文"秋"字，属象形会意字，像是蟋蟀振翅鸣叫之形。会意秋天到了，蟋蟀在鸣叫，庄稼成熟了。借表秋天是庄稼成熟的时节。庄稼黄熟，加义符火字，以庄稼发黄表示秋天。后又加义符禾旁，以示禾谷熟黄之义。

甲骨文"秋"字拓片

书写时先写头，次写身，再写身侧翅与足，最后写头上代表触须的笔画。

读一读

秋风、秋收、秋色、秋雨、一叶知秋、春去秋来、秋高气爽、秋后算账、秋毫无犯。

拓展阅读

秋天到

秋天到，蟋蟀叫。
白云白，蓝天高。
菊花开放树叶飘。
苹果、梨子呵呵笑，
稻子、麦子金灿灿，
丰收季节来到了。

秋菊露出灿烂的笑

金灿灿的秋稻

秋声
（甲骨文篆刻）

dōng
冬

甲骨文"冬"字,属会意字。像是一段丝或者一根绳索,两头都打上结,表示两端,也就是终结、结束的意思。冬季是一年中最后一个季节,后来就借用这个"冬"字来表示冬季。

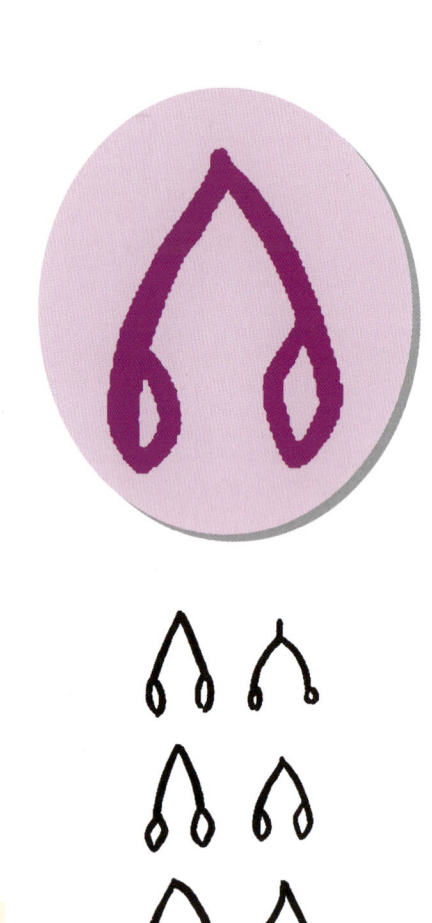

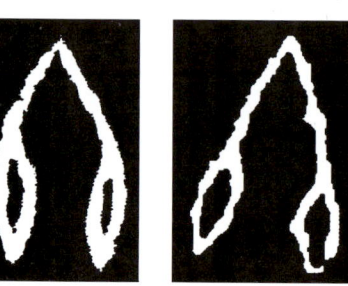

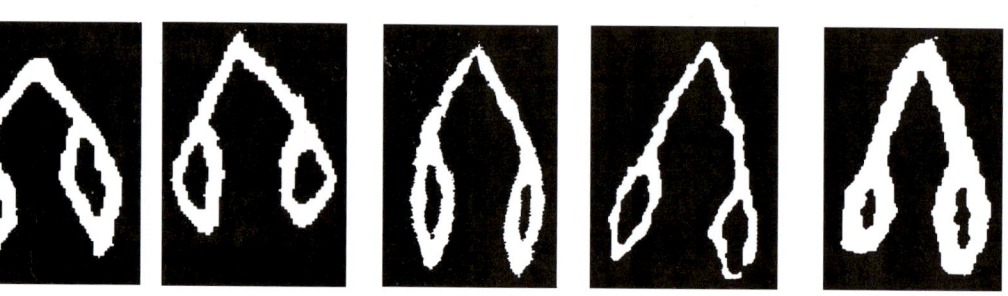

甲骨文"冬"字多种写法

甲骨文"冬"字拓片

书写时从左往右，注意衔接要自然顺畅，大小、形态要有变化。

读一读

冬天、冬至、寒冬、冬眠、冬温夏清、寒冬腊月、秋收冬藏。

拓展阅读

冬　风

冬风是个野孩子，最会调皮捣蛋！
我把窗子关起来，他就在外面砰砰敲；
我把窗子打开来，他就伸出冰冷的手，
摸摸我的脸颊，摸摸我的脖子。
我不要跟他玩儿！

三九寒冬
（甲骨文书法）

雪人说："我就是冬天"

冬去春来
（甲骨文篆刻）

汉字从哪里来——从甲骨文说起

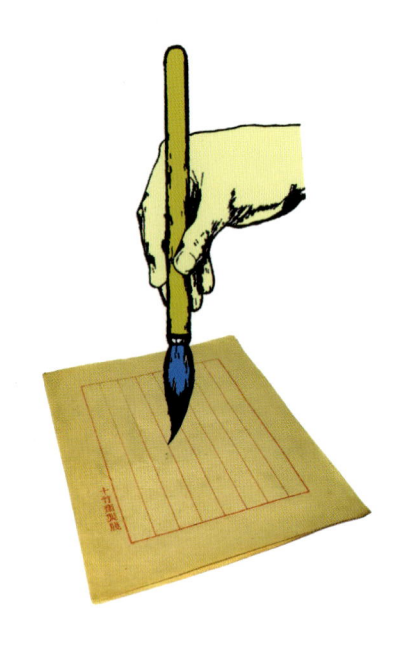

shū
书

甲骨文"书"字多种写法

甲骨文"书"字，属会意字。上部如人手持笔，下部像是书写之物。古时无纸，只能刻在龟甲、兽骨、竹片、木板上。两形会意像是手持刀笔在器物上刻写之意。

本义是指书写。后来也解释为文件、字体、书信等。

甲骨文"书"字拓片

第一级

书写时从上至下，先写竖画，再写代表手、代表笔头的笔画，最后写下方口部笔画。注意上下结体大小比例，以及线条方圆粗细等变化。

读一读

书刊、书法、书籍、读书、家书、书声琅琅、奋笔疾书、琴棋书画、书归正传、大书特书。

猜一猜

有厚也有薄，有字也有图。
知识里面藏，越看越爱读。
（打一物）

书香门第
（甲骨文书法）

书店

书香
（甲骨文篆刻）

huà
画

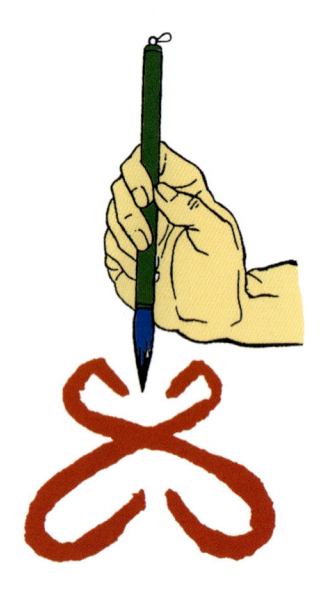

甲骨文"画"字，属会意字。上部像手持笔之形，下部表示用笔所绘出的图形。会意手持笔画图之意。

本义为绘画。后来也解释为用画装饰的、笔画、画成的艺术品等。

甲骨文"画"字多种写法

甲骨文"画"字拓片

第一级

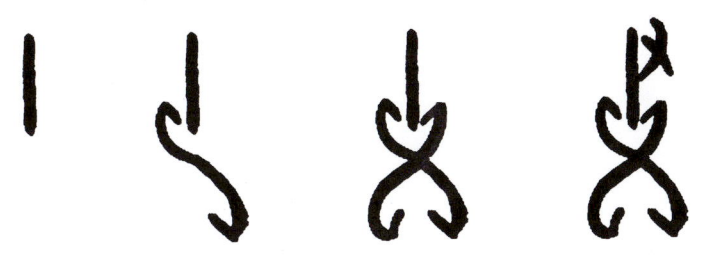

甲骨文"画"字写法较多,可参照所附图例与拓片。书写时从上至下,先写中竖,再写代表手和笔头的笔画,最后写下部两交叉的曲线。注意行笔轻重提按,笔随锋转,用笔灵活机动,结体匀称,线条拙厚温润。

读一读

画家、书画、字画、绘画、刻画、诗情画意、画饼充饥、琴棋书画、指手画脚。

拓展阅读

画

[唐]王维

远看山有色,近听水无声。
春去花还在,人来鸟不惊。

李白画像

中国十大传世名画之一——《洛神赋图》(局部)

画荻教子
(甲骨文篆刻)

101

汉字从哪里来——从甲骨文说起

dà
大

其他读音：dài

甲骨文"大"字，属象形字，像一个正立的成人形。借成人的形象，又借人张开双手后的形态来表示"大"的意思。

本义是指与"小"相对的"大"。后来也解释为程度深、年纪大的人、排行第一的等。

甲骨文"大"字多种写法

甲骨文"大"字拓片

甲骨文"大"字写法较多，书写时先写中竖主笔画直至下部两边分脚，再写上方左右短斜画。

读一读

大量、大气、广大、大家、大概、大显身手、哄堂大笑、大雨倾盆、大公无私、大同小异、深明大义、大摇大摆。

说一说

什么时候要大声说话，什么时候要小声说话？

一个苹果一个枣：哪个大来哪个小？

大漠

大有作为
（甲骨文篆刻）

103

小 xiǎo

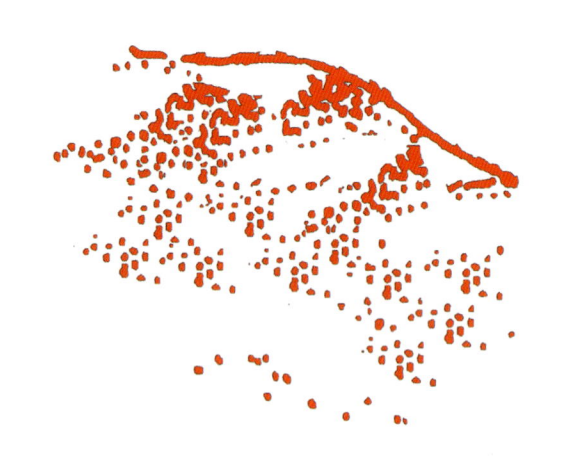

甲骨文"小"字,属象形会意字。从三点或三短画,指"物之微也",但不知具体是指什么事物。大概是用沙粒表示微小之具象,会微小之意。

本义与大相反,指细小。后来也解释为短时间地、年纪小的人、排行最末的、稍微、将近等。

甲骨文"小"字多种写法

甲骨文"小"字拓片

第一级

丨 小 小

书写时先写中画，再写两侧笔画。注意逆入回出，笔笔到位。不可飘扫浮快。

读一读

小心、小满、渺小、幼小、矮小、两小无猜、非同小可、小巧玲珑、小题大做、小心谨慎、小试锋芒。

拓展阅读

小　池

［宋］杨万里

泉眼无声惜细流，
树阴照水爱晴柔。
小荷才露尖尖角，
早有蜻蜓立上头。

小孩小孩你别馋，过了腊八就是年

区区小事
（甲骨文书法）

小旋风
（甲骨文篆刻）

dōng
东

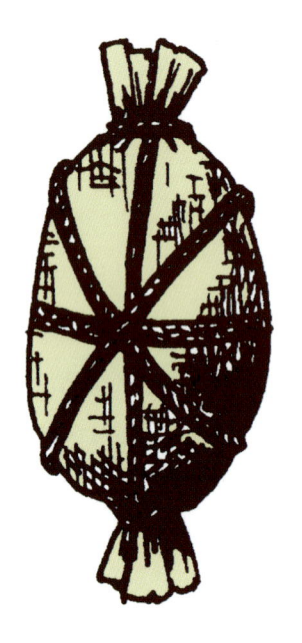

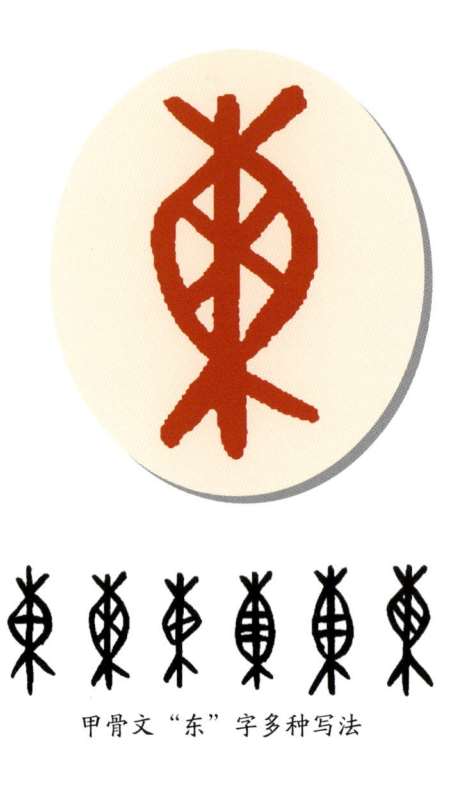

甲骨文"东"字多种写法

甲骨文"东"字，属象形字，像两头扎起来装满货物的大口袋。本义为口袋。后来解释为主人、东道，表方位等。

甲骨文"东"字拓片

先写长竖，再写中间包围式的折画，最后写其余笔画。注意用笔粗细变化及左右两侧平稳对应。

读一读

东北、东风、东西、房东、东山再起、东张西望、声东击西、福如东海、东倒西歪、东拼西凑。

拓展阅读

"东"作为方位是很重要的，古时主人之位在东，宾客之位在西，所以主人称为"东家"。"东道主"也是指主人。

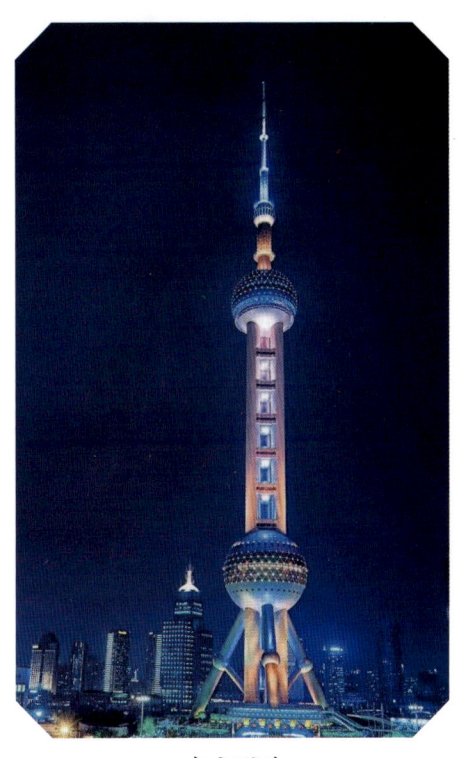

东方明珠

日出东方

东山再起
（甲骨文篆刻）

nán
南

甲骨文"南"字多种写法

甲骨文"南"字,属象形字,像是悬挂式镈(bó)钟一类的空心打击乐器。上为悬状结节绳纽,下为钟体。

本义应指镈钟。后来作为方位词。

甲骨文"南"字拓片

第一级

先写代表钟体部分的笔画，再写代表绳纽部分的笔画，也可从上至下依序而书，注意上下之间的距离与衔接，线条、结体要灵动活泼，古拙凝重。

读一读

南部、南极、南方、天南地北、寿比南山、南来北往、南辕北辙。

江南水乡

拓展阅读

绕口令

老蓝卖篮，

老南买篮。

老南买篮，

老蓝篮烂。

老蓝篮烂老南恼，

老南恼老蓝篮烂。

南征北战
（甲骨文书法）

南山
（甲骨文篆刻）

109

西 xī

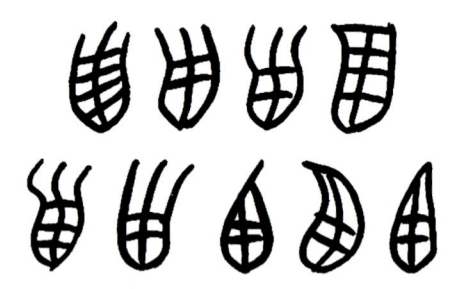

甲骨文"西"字多种写法

甲骨文"西"字,属象形字,像鸟巢形。日在西方鸟要进巢栖息,借巢形表示西方。

本义是指鸟巢。后来解释为西洋、西天等。

甲骨文"西"字拓片

第一级

书写时由外向里而书，注意结体匀称，线条自然顺畅，用笔提按顿挫，强调力度。

读一读

西风、西施、华西、说东道西、声东击西、中西合璧、西风残照、西装革履。

西点

拓展阅读

成语填空

东躲西藏

东张西望

东拉西扯

东倒西歪

东拼西凑

东（　　）西（　　）

东（　　）西（　　）

夕阳西下

东方日出西方雨
（甲骨文篆刻）

běi
北

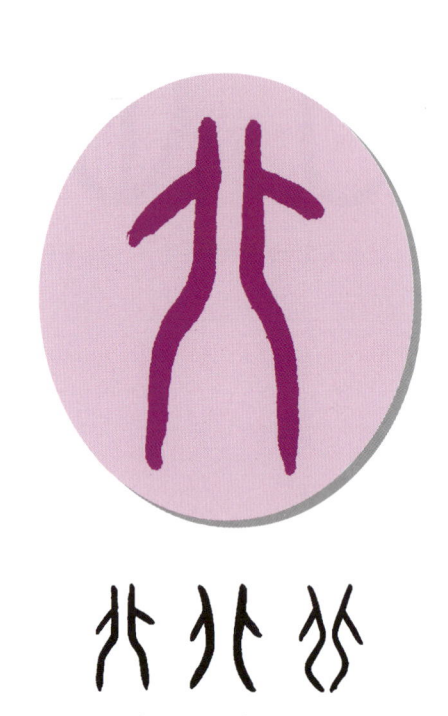

甲骨文"北"字多种写法

甲骨文"北"字,属会意字,像二人相背之形,会背离之意。

本义指两人相背。后来解释为北部地区、打败仗等。

中原地区的房屋建筑大都背北向南,遂引申为北方之北。

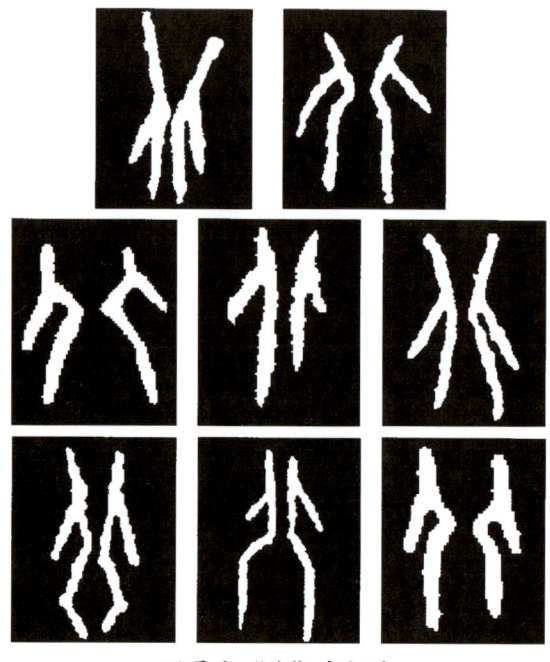

甲骨文"北"字拓片

第一级

甲骨文"北"字写法较多，可参照所附图例与拓片。书写时从左往右，先写主折画，再写斜短画，要注意左右对应平稳，运笔捻转要灵活到位，逆锋入纸，收笔可提可回，讲究线条质量。

读一读

败北、北极、北面、走南闯北、南腔北调、大江南北、泰山北斗。

拓展阅读

夜雨寄北

［唐］李商隐

君问归期未有期，巴山夜雨涨秋池。
何当共剪西窗烛，却话巴山夜雨时。

鱼戏莲叶北

大雁北飞　燕子南归
（甲骨文书法）

北方
（甲骨文篆刻）

113

qián
前

甲骨文"前"字多种写法

甲骨文"前"是个会意字。上部"止"表示足迹，下部是舟字象形。表示人坐在船上，不用脚走也不用划水，舟随水流自然向前，两侧有行道符号的表示沿一定道路向前。

本义指不行而进。后来也解释为未来、从前的、过去的时候等。

甲骨文"前"字拓片

书写时从上至下、从左往右顺序而书。注意要写得气局博大，布白匀称，参差错落，顾盼呼应，生动多姿。

读一读

前进、前景、提前、以前、眼前、瞻前顾后、前因后果、大敌当前、史无前例、名列前茅、承前启后、前途无量、前仆后继。

拓展阅读

关于天气的谚语

鱼儿出水跳，风雨就来到。
天上鱼鳞斑，晒谷不用翻。
久雨闻鸟声，不久转晴明。
朝有破紫云，午后雷雨临。

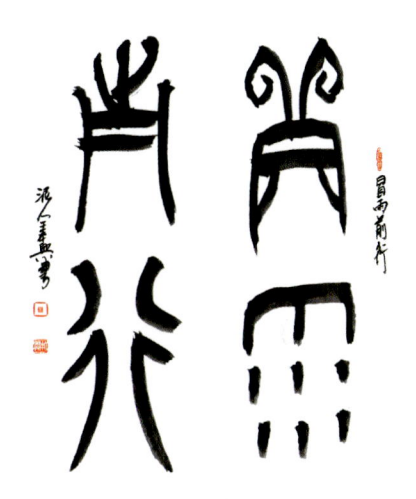

冒雨前行
（甲骨文书法）

花前月明
（甲骨文篆刻）

前人栽树，后人乘凉

hòu
后

甲骨文"后"字多种写法

甲骨文"后（後）"，属会意字。上部像一束"丝"的符号，表示绳索；下面是一个倒"止"符号，表示向后的足迹。说明脚被绳索系住，不能向前而落于后边之意。

本义指落在后边，与前相反。后来也解释为较晚的时间、后代的人等。

需要说明的是，这里的"后"只是指前后之后的意义与范畴，它与另一个"后"（皇后的后）的用法与意义是不同的。

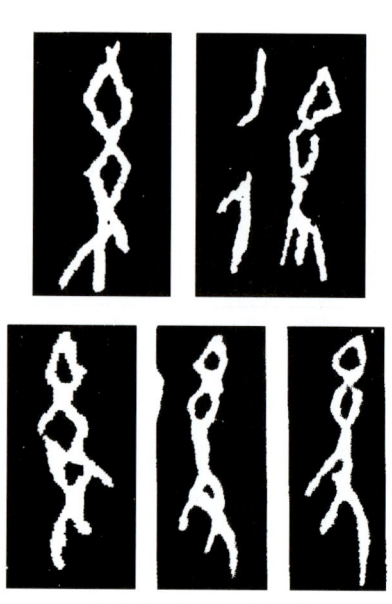

甲骨文"后"字拓片

书写时从上至下、从左往右而书。有带偏旁的可先写偏旁；然后再写上部像"8"的代表绳索的部分，可方可圆，因地制宜；最后写下方倒"止"部分，线条要直中含曲，曲中见直。字形结体稍长，但不要过长。

读一读

后期、后退、落后、后悔、之后、后果、后继有人、思前想后、不甘落后、后发制人、后起之秀、后来居上。

拓展阅读

蜂

［唐］罗隐

不论平地与山尖，无限风光尽被占。
采得百花成蜜后，为谁辛苦为谁甜？

不甘人后
（甲骨文书法）

后车之鉴
（甲骨文篆刻）

早晨起来，面向太阳，前面是东，后面是西

zuǒ 左

甲骨文"左"字多种写法

甲骨文"左"字，属象形字，像左手形。上部代表手指形，下部代表手臂形。从金文开始下方加了"工"字，表示辅助右手干活之意。

本义为左手。后来也解释为偏、错、相反、进步的、表方位等。古人面向南站立时，左手在东边，故古人以东为左。

甲骨文"左"字拓片

左

书写时先写曲画，再写斜画，注意行笔不宜过快，顺锋收笔，可稍露锐意。

读一读

左侧、相左、左右为难、左右逢源、旁门左道、左右顾盼、左右开弓、左躲右闪。

拓展阅读

花猫照镜子

小花猫，
喵喵叫，
不洗脸，
把镜照。
左边照，
右边照，
埋怨镜子脏，
气得胡子翘。

心脏位于胸腔中部偏左的位置

左手比出胜利的手势

左来右去
（甲骨文篆刻）

右 yòu

甲骨文"右"字，属象形会意字，像右手之形。上部像手指头，下部像手臂形。后追加"口"形，分化出右字。

本义指右手。后来也解释为与左相对之右边、崇尚、保守等。

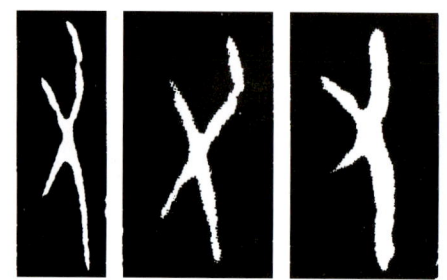

甲骨文"右"字多种写法

甲骨文"右"字拓片

书写时先写曲画，再写斜直画。要中锋用笔，行笔速度不宜过快，起笔收笔要逆入回出，注重线条凝重浑厚感。

读一读

右边、右移、左右、左邻右舍、左思右想、无出其右、左右为难。

拓展阅读

绕口令

小牛牛，围兜兜，
兜兜里头装豆豆，吃了豆豆翻跟头。
左边翻个六，漏了九颗豆。
右边翻个九，漏了六颗豆。
问你翻了几个大跟头，漏了几颗小豆豆？

左图右书
（甲骨文书法）

右耳
（甲骨文篆刻）

右手拿筷子

shàng
上

其他读音：shang

甲骨文"上"字多种写法

  甲骨文"上"字，属指事字。是在一长横或一长弧线（象征物体）上面加一短横（象征物体），可表意为物体上面的物体，表明位置在上方的意思。

  本义是指上端、高处。后来也解释为等级或品质高的、事物表层的、拧紧、添加、向前进、达到等。

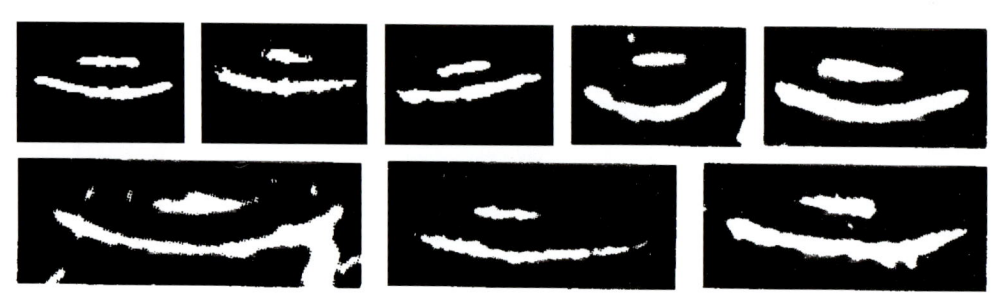

甲骨文"上"字拓片

书写时可从上至下，先写短画，再写长画；亦可由下而上，先写长画再写短画。注意用笔要抑扬顿挫，轻重提按要有节律，毛笔不可快速一扫而出，保证线条的毛涩拙厚感，结体不要过扁过长，上下之间距离要恰到好处，以匀称平稳为宜。

读一读

上场、马上、向上、上进、上升、上台、晚上（shang）、至高无上、蒸蒸日上、锦上添花、成千上万、走马上任、上下一心、上蹿下跳。

天地分上下，日月照今古

鸭子在湖面上

上善若水
（甲骨文篆刻）

下 xià

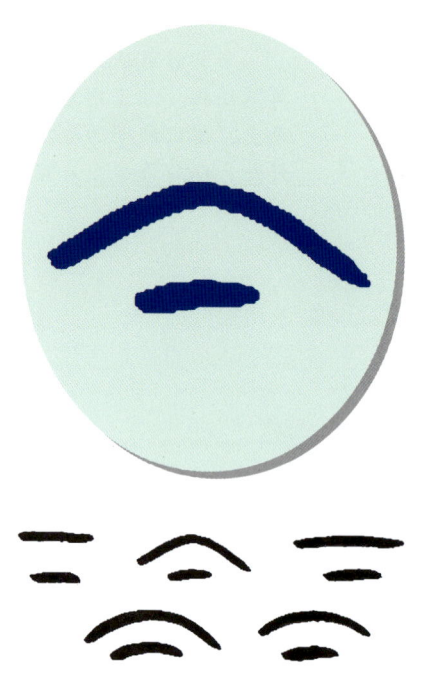

甲骨文"下"字多种写法

甲骨文"下"字，属指事字。是在一长横或一长弧线（象征物体）下面加一短横（象征物体），可表意为物体下面的物体。表明位置在下方的意思。

本义指事物的位置在低处。后来也解释为等次或品级低的、放入、退场、发布、低于、使用、攻陷、退让等。

甲骨文"下"字拓片

第一级

书写时可从上至下，先写长画，再写短画；亦可由下而上，先写短画再写长画。

读一读

下场、下达、下降、乡下、留下、剩下、不耻下问、普天之下、甘拜下风、低三下四、下落不明、下不为例、下笔成章。

千里之行，始于足下

下棋

中华上下五千年
（甲骨文篆刻）

125

lái
来

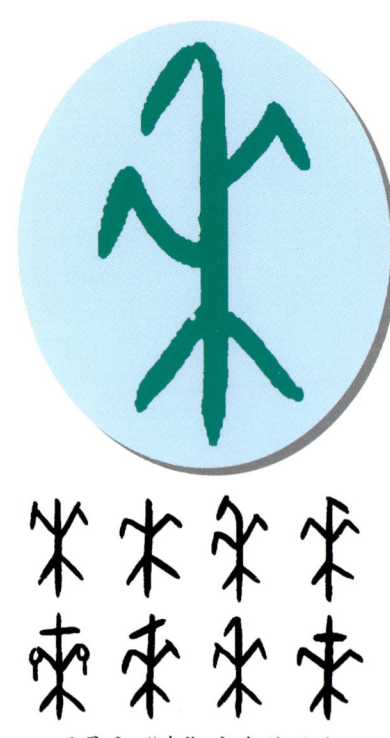

甲骨文"来"字多种写法

甲骨文"来"字，属象形字，像是一棵成熟了的小麦形。上部是麦穗，中间两侧是麦叶，下面是麦根。

本义为小麦。后来解释为来到、做某个动作、未来的，表示概数、要做某件事等。

甲骨文"来"与"禾""花"字易混淆，其主要区别在于："来"字斜画上端下弯，"禾"字斜画上端无弯钩；"来"字代表根系的斜画只有一组，而"花"字有二组至三组。

甲骨文"来"字拓片

甲骨文"来"字的写法较多，可参照所附图例。书写时先写中竖，再写两侧笔画。

读一读

来信、来访、来历、往来、历来、突如其来、礼尚往来、来者不拒、来日方长、来势汹汹、来之不易。

拓展阅读

游园不值

［宋］叶绍翁

应怜屐齿印苍苔，

小扣柴扉久不开。

春色满园关不住，

一枝红杏出墙来。

忽如一夜春风来，千树万树梨花开

归来
（甲骨文篆刻）

qù
去

甲骨文"去"字多种写法

甲骨文"去"字，属会意字。上部大字代表人；下部从口，或口字去掉上横，像一凹口之形，与口无别，指洞穴口、门口，或代表坎陷。表示人离开洞穴或跨越坎陷，以会远离之意。

本义是指离开。后来也解释为距离、过去的、失去、人死、除掉等。

甲骨文"去"字拓片

书写时先写大部笔画，再写口部笔画。

读一读

去向、去信、去世、失去、来去、扬长而去、来龙去脉、何去何从、去伪存真、去粗取精、人去楼空。

拓展阅读

山村咏怀

[宋] 邵雍

一去二三里，烟村四五家。
亭台六七座，八九十枝花。

蜜蜂说："我要去有阳光有鲜花的地方"

鸟去鸟来山色里

去年
（甲骨文篆刻）

duō

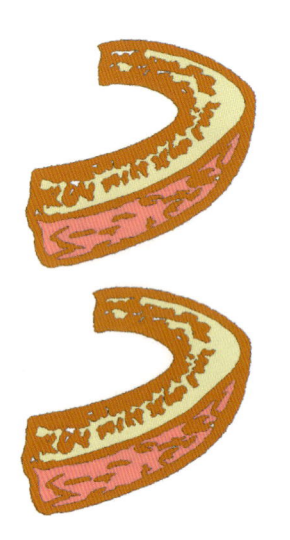

多

甲骨文"多"字多种写法

甲骨文"多"字，属会意字，像叠置的两块肉。我国古代祭祀分赐胙（zuò）肉，能分两块，自然比别人的多（一般一人一块）。

本义是指数量大，与少相对。后来也解释为相差的程度大、过分的、大多等。

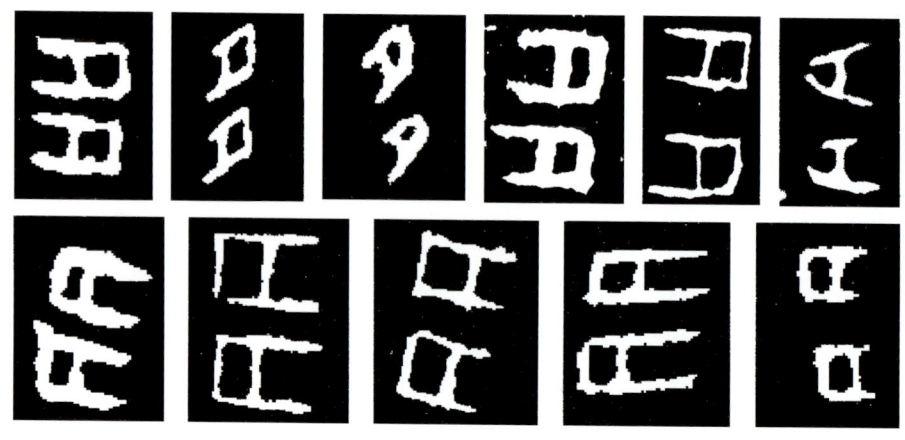

甲骨文"多"字拓片

第一级

书写时从上至下、从外至里顺序而书。注意上下平稳对应，起笔收笔要讲究变化。

读一读

多数、众多、多余、大多、丰富多彩、足智多谋、多愁善感、多姿多彩、人多势众。

拓展阅读

四季风

春天里，东风多，吹来燕子做新窝。
夏天里，南风多，吹得太阳像盆水。
秋天里，西风多，吹熟庄稼吹熟果。
冬天里，北风吹，吹得雪花纷纷落。

多多益善
（甲骨文书法）

一边多，一边少

见多识广
（甲骨文篆刻）

131

汉字从哪里来——从甲骨文说起

shǎo
少

其他读音：shào

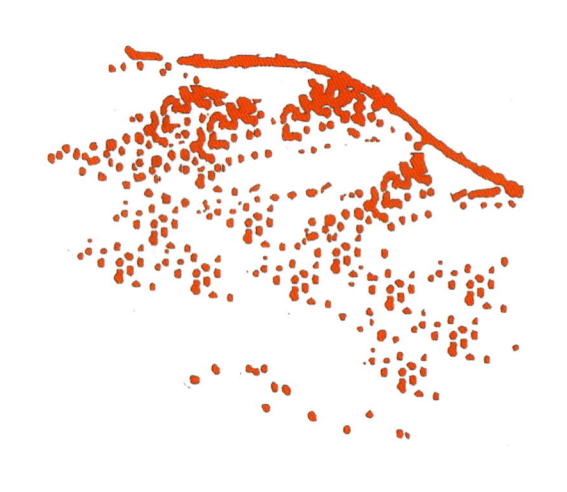

甲骨文"少"字，属象形字，像是细小的沙粒形，只用四点表示。

本义是指数量小。后来也解释为缺少、丢失、亏欠、不要、暂时等。

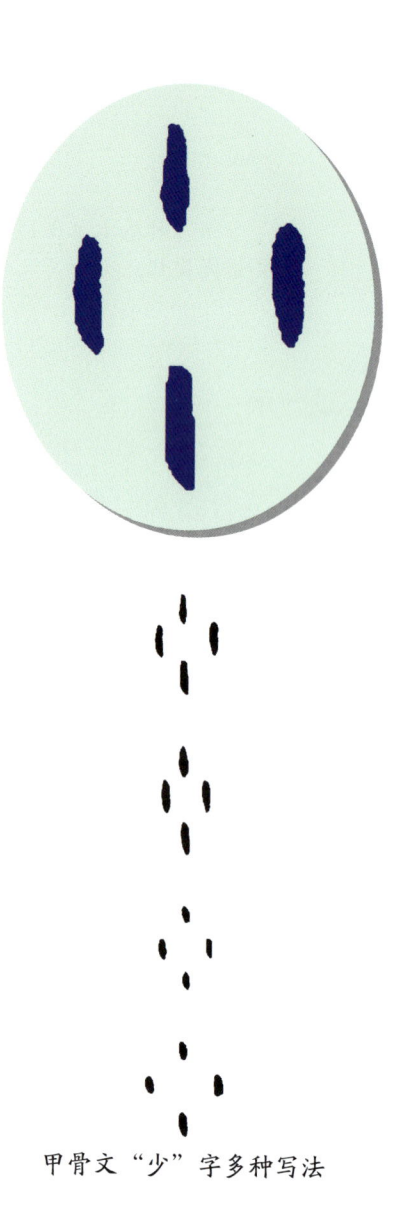

甲骨文"少"字多种写法

甲骨文"少"字拓片

书写时从上至下、从左往右顺序而书。注意笔画虽然只有四点,但用笔必须有不同的变化,要写出不同的韵味来。

读一读

少数、少见、至少、缺少、少(shào)年、年少(shào)气盛、少见多怪、老少(shào)皆宜、少安毋躁。

拓展阅读

春　晓

〔唐〕孟浩然

春眠不觉晓,处处闻啼鸟。
夜来风雨声,花落知多少。

少年强国心
(甲骨文书法)

讷口少言
(甲骨文篆刻)

少数民族服装

lǎo
老

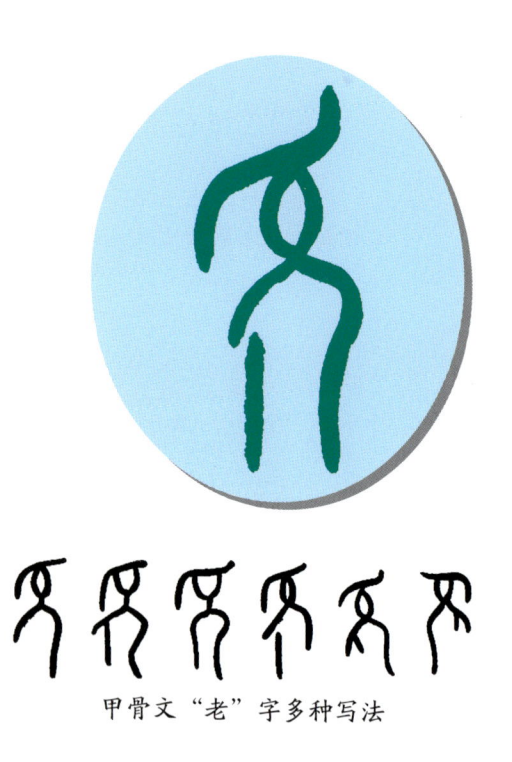

甲骨文"老"字多种写法

甲骨文"老"字,属象形字,像是一个长发扶杖的老妇人形象。古时"老""考"同源,字形都是长发拄杖形。

本义是指老年人。后来也解释为很久、经常、原来的、陈旧、火候过了、(某些颜色)深等。

甲骨文"老"字拓片

书写时从上至下顺序而书。

读一读

　　老乡、老派、老是、老家、老翁、老实、老窝、老当益壮、老马识途、老成持重、地老天荒。

拓展阅读

丰乐亭游春（其三）

〔宋〕欧阳修

红树青山日欲斜，长郊草色绿无涯。
游人不管春将老，来往亭前踏落花。

男女老少
（甲骨文书法）

老头鱼（鮟鱇鱼）

青山不老
（甲骨文篆刻）

汉字从哪里来——从甲骨文说起

shī
师

甲骨文"师",属象形字,像两个连着的土堆形或小土丘之形。可会意军队驻扎或代表军队。

本义指军队。后来也解释为某些传授知识技术的人、学习的榜样、仿效、学习等。

甲骨文"师"字多种写法

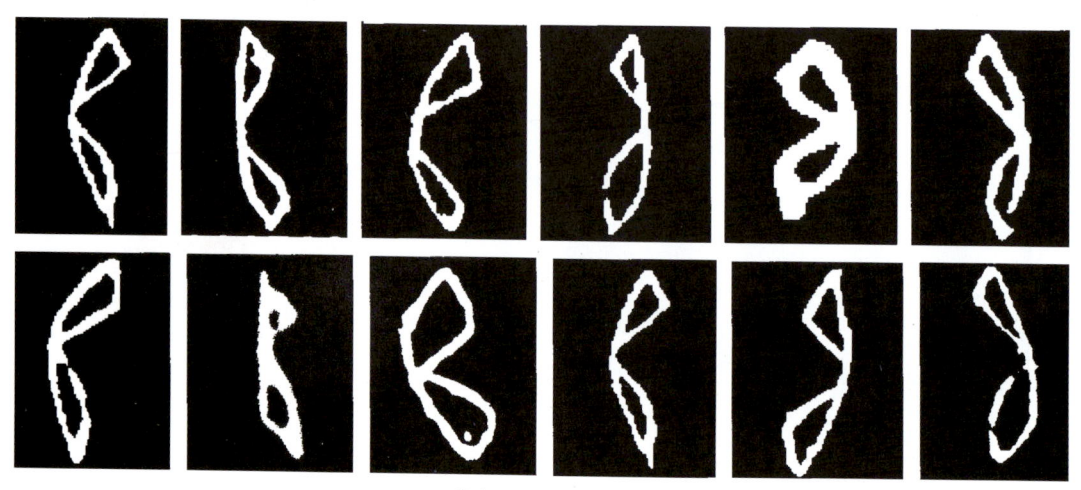

甲骨文"师"字拓片

甲骨文"师"字的写法较多，可参照所附图例与拓片。书写时先写长曲画，再写表示两个小土堆的圆曲画。注意圆曲画要写得伸展自然，不能呆板僵滞，且要有大小、方圆、长短等微妙的变化。

读一读

教师、师长、会师、医师、出师不利、无师自通、良师益友、兴师问罪。

老师，您好

敬师
（甲骨文书法）

那地方的海，真的像老师说的，那么多种颜色吗？

三人行必有吾师
（甲骨文篆刻）

中 zhōng

其他读音：zhòng

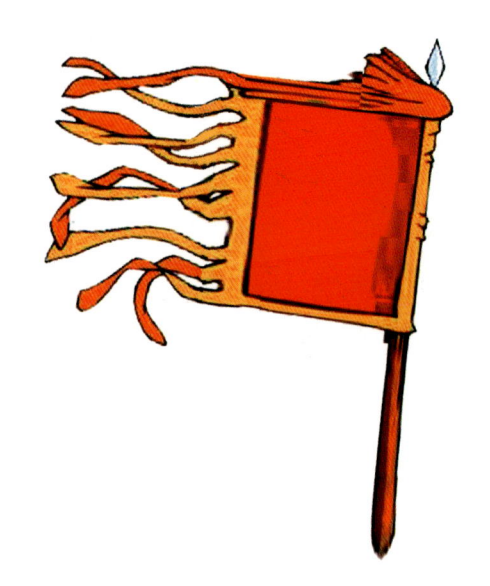

甲骨文"中"字多种写法

甲骨文"中"字，属象形字，像一面直立旗帜。中竖为旗杆，上下有两条、四条不等的飘带，中部口字表示中间之意。也有人认为中间口字表示所驻扎的军营或氏族中心，以飘扬的旗帜为标志。另古时有大事，望中而趋赴，建中之地即为中央。

本义是旗帜。后来解释为不偏不倚、等级在两端之间的、适于、不偏不待、行等。

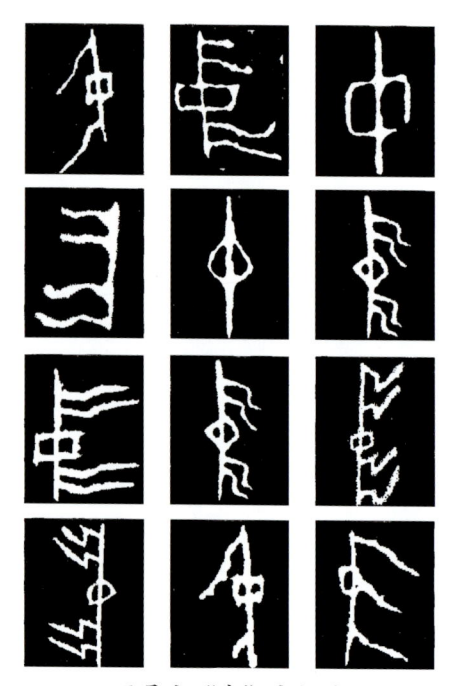

甲骨文"中"字拓片

第一级

甲骨文"中"字写法很多，可参见图例与拓片。书写时先写口部，再写中竖，最后写其他笔画。

读一读

中央、中旬、中原、中午、中秋、目中无人、百发百中（zhòng）、如日中天、急中生智、秀外慧中、乐在其中。

美中不足
（甲骨文书法）

你不让，我不让，扑通掉进河中央

中华五千年
（甲骨文篆刻）

139

guó
国

甲骨文"国"字多种写法

甲骨文"国"字，从口，从戈，"口"表示城池或国土，"戈"表示用武器守卫国土与城池。后口字下端加"一"，表示范围界线，表意更明。

本义是疆域。后来也解释为国家、本国的、在一国内最好的等。

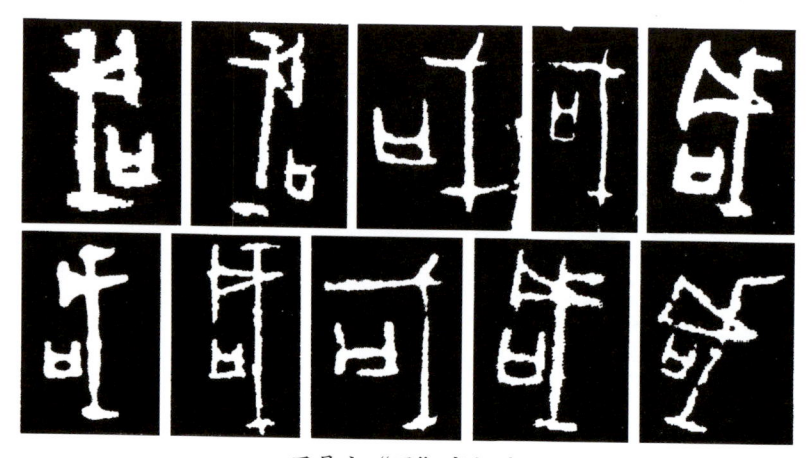

甲骨文"国"字拓片

一 千 吋

书写时先写戈部，再写口部。注意用笔的轻重缓急，口部不要写得过小，与戈部距离不要靠得过紧。

读一读

国际、国家、国防、国庆、祖国、国画、治国安邦、国泰民安、利国利民。

拓展阅读

春　望

[唐] 杜甫

国破山河在，城春草木深。
感时花溅泪，恨别鸟惊心。
烽火连三月，家书抵万金。
白头搔更短，浑欲不胜簪。

舍身为国
（甲骨文书法）

我是中国人

中国心
（甲骨文篆刻）

141

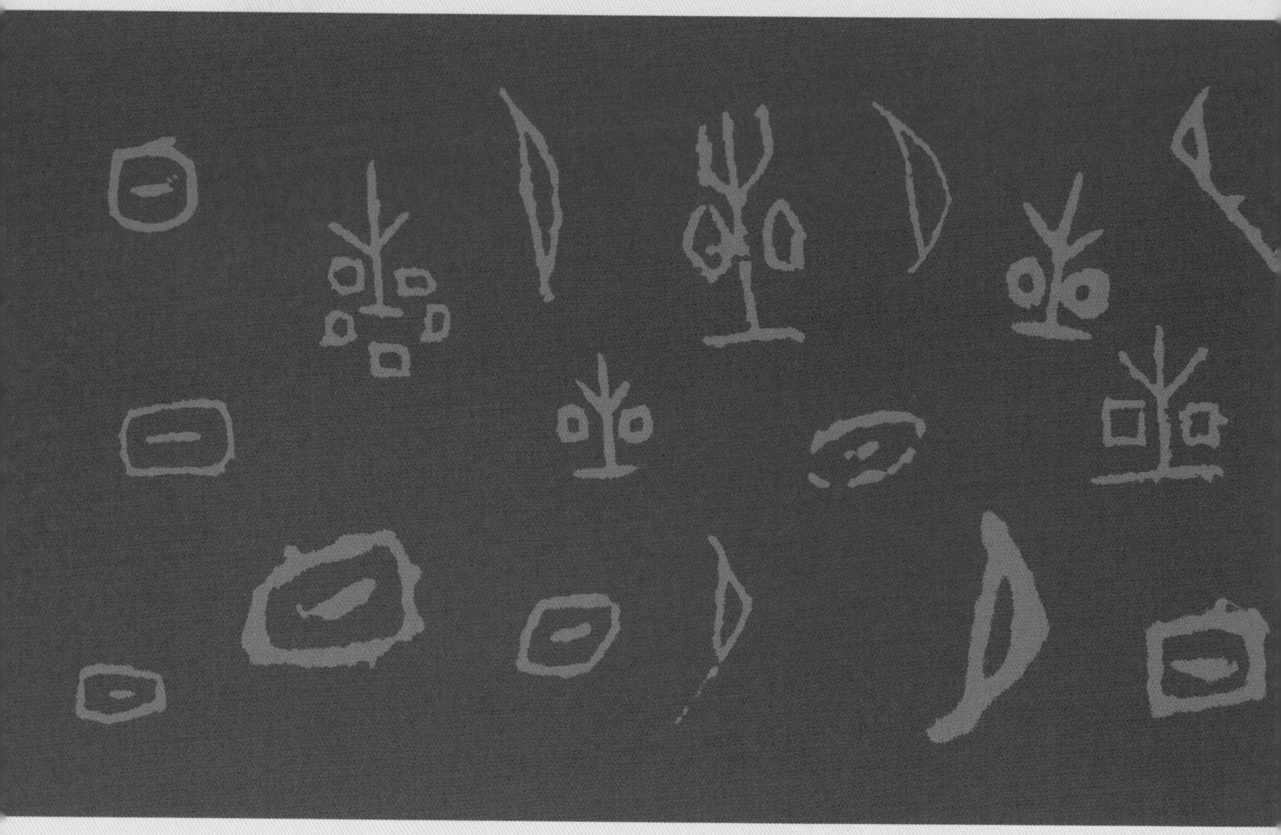